io imprensasocial

Esta publicação foi possível graças
a um programa de ação social da

imprensaoficial

Aprendendo português nas escolas do Xingu

Parque Indígena do Xingu
Terra Indígena Panará
Terra Indígena Capoto/Jarina

livro inicial

GOVERNO DO ESTADO DE SÃO PAULO
RESPEITO PELAS PESSOAS

Governador Geraldo Alckmin
Secretário Chefe da Casa Civil Arnaldo Madeira

imprensaoficial

IMPRENSA OFICIAL DO ESTADO DE SÃO PAULO
Diretor-presidente Hubert Alquéres
Diretor Vice-presidente Luiz Carlos Frigerio
Diretor Industrial Teiji Tomioka
Diretor Financeiro e Administrativo Flávio Capello
Núcleo de Projetos Institucionais Emerson Bento Pereira
Projetos Editoriais Vera Lucia Wey

ASSOCIAÇÃO TERRA INDÍGENA XINGU
Conselho Makupá Kaiabi (presidente), Alupá Kaiabi (vice-presidente), Kaminkia Trumai Suyá, Winti Suyá, Ianuculá Kaiabi Suyá, Timãiru Kaiabi, Karin Juruna

ISA anos 10

INSTITUTO SOCIOAMBIENTAL
Conselho Diretor Neide Esterci (presidente); Enrique Svirsky (vice-presidente), Beto Ricardo, Carlos Frederico Marés, Laymert Garcia dos Santos, Márcio Santilli, Nilto Tatto, Sergio Mauro (Sema) dos Santos Filho
Secretário Geral Sérgio Leitão
Secretário Executivo Nilto Tatto
Apoio institucional Icco – Organização Intereclesiástica para Cooperação ao Desenvolvimento; NCA – Ajuda da Igreja da Noruega

Aprendendo português nas escolas do Xingu

Parque Indígena do Xingu
Terra Indígena Panará
Terra Indígena Capoto/Jarina

livro inicial

Programa Xingu / Projeto Formação de Professores Indígenas
do Parque Indígena do Xingu

Instituto Socioambiental

Associação Terra Indígena Xingu

www.socioambiental.org

imprensaoficial

São Paulo, 2004

Dados Internacionais de Catalogação na Publicação (CIP)
(Câmara Brasileira do Livro, SP, Brasil)

Aprendendo português nas escolas do Xingu : Parque Indígena do Xingu, Terra Indígena Panará, Terra Indígena Capoto/Jarina : livro inicial. -- São Paulo : Instituto Socioambiental ; Canarana, MT : Atix - Associação Terra Indígena Xingu ; São Paulo, SP : Imprensa Oficial do Estado de São Paulo, 2004.

Vários autores.
Vários organizadores.

ISBN 85-85994-23-1 (Instituto Socioambiental)
ISBN 85-7060-204-9 (Imprensa Oficial do Estado de São Paulo)

1. Alfabetização 2. Índios da América do Sul – Brasil – Amazônia 3. Parque Nacional do Xingu (Brasil) 4. Português – Estudo e ensino

04-0554 CDD-372.41089980811

Índices para catálogo sistemático :

1. Alfabetização : Povos indígenas do Xingu : Amazônia : Educação 372.41089980811
2. Povos indígenas do Xingu : Amazônia : Alfabetização : Educação 372.41089980811

Imprensa Oficial do Estado de São Paulo
Rua da Moóca, 1921 - Moóca
03103-902 - São Paulo - SP
Tel.: (11) 6099-9800
Fax: (11) 6099-9674
www.imprensaoficial.com.br
livros@imprensaoficial.com.br
SAC 0800-123 401

Associação Terra Indígena Xingu (Atix)
Av. Mato Grosso, 688
78640-000
Canarana – MT – Brasil
tel / fax: (66) 478-1948
tel: (66) 478-2657
atix@uol.com.br

Instituto Socioambiental (ISA)
Sede
Av. Higienópolis, 901, 01238-001
São Paulo – SP – Brasil
tel: (11) 3660-7949
fax: (11) 3660-7941
www.socioambiental.org
isa@socioambiental.org

"Antigamente nós não conhecíamos outros índios, não tínhamos contato com outras tribos, não falávamos um com outro. Hoje não. Hoje temos contato uns com os outros. Daqui para frente temos que estar juntos, lutar juntos, porque nossa luta é uma só: defender nossas terras, culturas, línguas, tradições.

Nossos filhos não podem esquecer nossa vida. É importante lembrar da herança que nossos avós deixaram para nós. Por isso os mais antigos têm que ensinar os jovens, para depois eles ensinarem seus netos.

Há pouco tempo atrás pouca gente sabia falar português. Agora estamos aprendendo. É bom que nossos filhos aprendam a ler e escrever melhor que nós, para que continuem defendendo nossa terra e nossa cultura. Meu pedido e meu conselho para vocês que estão aprendendo a ler e escrever é que estudem bem, porque vocês vão continuar o nosso trabalho, nossa luta para defender o que é nosso."

Megaron Txukarramãe, 1990

Eu fico muito preocupado com os rapazes que estudam na cidade. Tem estudante com cabeça boa que só pensa em estudar, voltar para a aldeia e ajudar o pessoal. Mas tem estudante que logo chega na cidade e já aprende a beber, depois começa a procurar mulher branca e esquece a nossa vida, só pensa na vida do branco. Quando ele volta para a aldeia, engana o pai, os parentes, diz que a vida na cidade é boa. Não conta a verdade: que a vida na cidade é dura, que tem muita coisa ruim, que precisa de dinheiro para tudo.

Por isso acho que é melhor para nós estudarmos nas escolas do Parque mesmo, para os alunos aprenderem a nossa cultura e as coisas importantes da cultura dos não-índios.

Pirakumã Yawalapiti

O livro

Este livro é o resultado de uma somatória de trabalhos realizados por diferentes professoras que atuaram no Parque Indígena do Xingu, na década de 80, que atendiam a demanda das comunidades do PIX de alfabetizar os alunos das escolas dos postos em língua portuguesa. A partir de 1985, Harue Yamanaka, Maria Cristina Troncarelli e Maria Eliza Leite sistematizaram uma cartilha de alfabetização criada a partir de outras cartilhas usadas no Parque. A base deste material partiu da cartilha de Maria Elisa Ladeira e Vanessa Lea usada nos antigos Postos Kretire e Jarina para alfabetização dos Mẽtyktire, da "Cartilha do Xingu" feita por Mariana Leal Ferreira e a "Cartilha para o Alto Xingu", elaborada por Marina Kahn.

O objetivo era formar um material que atendesse ao Parque inteiro. Para que isso fosse alcançado, os povos do Xingu participaram ativamente da confecção do livro com desenhos, textos e sugestões. Foi assim que surgiu a versão que aqui está.

Em 1985, o Parque Indígena do Xingu e a Terra Indígena Capoto/Jarina estavam ligados administrativamente pois, em 1984, Megaron Txucarramãe assumiu a direção do Parque sendo o primeiro índio nomeado para o cargo de administrador através da Funai. Por esse motivo os povos do Alto, Médio e Baixo Xingu, incluindo os Mẽbengôkre da TI Capoto/Jarina e os Panará, contribuíram com textos e desenhos para o livro. A partir de 1995 a TI Capoto/Jarina passou a fazer parte da administração regional da Funai de Colider, desligando-se da administração do Parque Indígena do Xingu. Os Panará também reconquistaram parte de seu território antigo, denominado Terra Indígena Panara, mudando para lá em 1997.

Os povos do Parque Indígena do Xingu, da TI Capoto/Jarina e da TI Panará têm em comum a luta pela preservação da Bacia do rio Xingu, o que possivelmente irá aproximá-los novamente numa agenda de articulações em defesa das nascentes dos rios formadores do rio Xingu, situadas fora do PIX e das demais terras indígenas.

Desde 1986 este material vem sendo usado – por meio de cópia xerox – pelas professoras não-índias e, posteriormente, pelos professores indígenas.

Resolvemos reeditá-lo porque é um material bastante apreciado pelos professores e alunos das escolas indígenas do Parque. Apresenta uma linguagem simples e vocabulário regional, sendo um material precioso para o aprendizado inicial da língua portuguesa.

Esperamos que ele seja utilizado nas escolas do PIX, da TI Capoto/Jarina e TI Panará.

O Projeto

O Projeto "Formação de Professores Indígenas do Parque Indígena do Xingu" está inserido no Programa Xingu, do Instituto Socioambiental. O projeto desenvolve a formação continuada de 38 professores formados em magistério e a formação para o magistério de 43 professores indígenas dos povos Kuikuro, Kalapalo, Matipu, Nahukuá, Mehinaku, Waurá, Aweti, Kamaiurá, Trumai, Suyá, Kaiabi, Ikpeng, Yudjá, Yawalapiti e Panará, que lecionam atualmente para 1.358 alunos, entre crianças e adolescentes, em 40 escolas (38 no PIX, 1 na TI Panará e 1 na TI Kaiabi).

O Projeto de Formação teve início em 1994 com a Associação Vida e Ambiente. Em 1996 passou a ser gerenciado pelo ISA em parceria com a Atix – Associação Terra Indígena Xingu. Até novembro de 2003 dezenove cursos foram realizados. O trabalho se desenvolve por meio de dois cursos anuais ministrados por especialistas e do acompanhamento pedagógico às escolas indígenas nos períodos intermediários entre os cursos. O Projeto estimula o estudo das línguas indígenas faladas no Parque do Xingu e a produção de ortografias nessas línguas, que permitem seu ensino nas escolas e a produção de material didático diferenciado.

O processo de formação foi reconhecido em 1998 pelo Conselho Estadual de Educação do Mato Grosso. Os professores indígenas são preparados para atuar como educadores e pesquisadores de suas culturas, de forma a se tornarem os agentes do processo de ensino e aprendizado de suas escolas e poderem formular e conduzir currículos próprios adequados à sua realidade e com o uso de suas respectivas línguas nativas.

O público alvo

O **Parque Indígena Xingu -** Criado pelo governo federal em 1961, o Parque Indígena do Xingu (PIX) está localizado no Estado de Mato Grosso. Abrange uma área de 2,8 milhões de hectares, onde vivem 4.000 habitantes pertencentes a 14 povos indígenas distintos.

Na região de confluência dos formadores do rio Xingu, ao sul do Parque, localizam-se os povos de língua Karib: Kuikuro, Kalapalo, Matipu e Nahukwá; os povos de língua Aruak: Mehinaku, Waurá e os Yawalapiti, e os povos de língua Tupi: Aweti e Kamaiurá. Estes povos, apesar de sua pluralidade étnica, historicamente estabeleceram uma rede de relações, compartilhando uma série de características culturais, configurando o que é chamado "sistema Alto-Xinguano". No entanto permanecem elementos distintivos entre eles, de ordem territorial, cultural e lingüística. Na região central do Parque estão os Trumai, de língua isolada; os Ikpeng, de língua Karib; os Suiá, de língua Gê e os povos de língua Tupi, Kaiabi e Yudjá (Juruna). Os Suiá, Yudjá e Trumai são originários desta região, tendo seus territórios reduzidos pelo movimento das frentes de expansão econômica a partir da década de 50. Os Ikpeng e Kaiabi, em razão das violentas pressões da sociedade nacional, foram submetidos a sucessivas mudanças ou transferência de seus territórios tradicionais para o PIX.

A população do PIX continua vivendo de pesca, caça, agricultura e coleta. Mas, nos últimos tempos os índios vêm sentindo-se cada vez mais ameaçados pelo crescimento das cidades e devastação ambiental no entorno do Parque. Além disso, as nascentes dos rios que formam o rio Xingu estão fora do seu limite. As comunidades têm se organizado na busca de soluções para a conservação do inestimável patrimônio cultural e ambiental presente na área.

Terra Indígena Panará - Os Panará, de língua do tronco Gê, foram contatados em 1973 por ocasião da abertura da rodovia Cuiabá/Santarém. Sua população era estimada em 400 pessoas, ficando reduzida a 79 pessoas em 1975 quando foram transferidos para o PIX. Em 1991, as lideranças Panará fizeram uma viagem ao seu território tradicional, identificando uma parcela ainda conservada da antiga terra. A partir dessa visita iniciaram a reocupação dessa parte do seu território e a luta por sua demarcação. Mudaram em 1996 para essa parte de seu território antigo, localizado nas cabeceiras dos rios Iriri e Ipiranga, no limite dos estados de Mato Grosso e Pará, que hoje foi demarcado e homologado, denominado Terra Indígena Panará/PA. Sua população atual é de 202 pessoas.

A sociedade Panará está vivendo um importante momento de revitalização cultural, fortalecida pela reconquista de parte de suas terras.

Terra Indígena Capoto/Jarina - Localizada no estado de Mato Grosso, em território contíguo ao PIX, a TI Capoto/Jarina foi homologada em 1991. Vivem na área, distribuídos em duas aldeias, os Mẽtyktire, um grupo Mebẽngokre e os Tapajuna, que totalizam uma população estimada em 741 pessoas, sendo que os Tapajuna são aproximadamente 80 pessoas. A língua destes povos pertence ao tronco lingüístico Gê.

Seu território tradicional abrangia a região do rio Xingu entre o Mato Grosso e Pará. Na ocasião do contato, em 1953, uma parte da população Metyktire foi viver no Parque Indígena do Xingu e outra parte permaneceu na região da atual TI Capoto/Jarina. Nas décadas de 60 e 70 foi aberta a BR-080 que cortou o PIX, tendo os Mẽtyktire se recusado a abandonar as aldeias localizadas na atual TI Capoto/Jarina. Nas décadas de 70 e 80 lutaram pela demarcação de seu território, obtendo a regularização jurídica através da demarcação e homologação.

Os Tapajuna viviam tradicionalmente na região do rio Arinos, onde sofreram com a invasão de suas terras e epidemias. Foram transferidos para o PIX na década de 70, com uma população de cerca de 60 pessoas. Na década de 80 foram morar com os Mẽtyktire, onde continuam vivendo.

SUMÁRIO

TATU

desenho: Nhikrakaissé Suyá

O tatu mora no buraco.

TIA	A tia da menina fez perereba.
TIO	Meu tio caçou um tatu.

TA TE TI TO TU

a tia o tio

Sugestões para o professor:

Leia as frases em voz alta para seus alunos.

Peça para seus alunos contarem o que sabem sobre o tatu.

Escreva a frase do tatu na lousa em letra de forma maiúscula para seus alunos copiarem no caderno.

Peça para seus alunos fazerem um desenho do TATU.

Escreva as frases do TIO e da TIA na lousa em letra maiúscula e peça para seus alunos copiarem no caderno e circularem as palavras TIO e TIA nas frases.

PATO

desenho: Taliko Kuikuro

Meu pai matou um pato.
Ele deu o pato para minha mãe cozinhar.

PIAU	Eu matei um piau.
PAPAI	Papai comeu pato.
PIPOCA	Eu comi muita pipoca.

PA PE PI PO PU

Sugestões para o professor:

Leia o texto do pato em voz alta, escreva na lousa em letra de forma maiúscula e peça para os alunos copiarem no caderno.

Peça para contarem o que sabem sobre o pato e fazer um desenho.

Peça para os alunos falarem nomes de bichos que comecem com a letra P.

Peça para cada aluno pensar em um bicho e conversar com o colega sobre o bicho que escolheu.

Escreva as frases do PIAU, do PAPAI e da PIPOCA na lousa em letra de forma maiúscula, peça para os alunos copiarem no caderno e circular estas palavras.

PICA-PAU

Ugise Kalapalo

O pica-pau tem um bico muito forte, reto e cortante.

A língua dele é bastante comprida.

O pica-pau gosta de comer bichinhos que ficam na árvore.

desenho: Pitoga Ikpeng

Caça-palavras:

PATO   PÉ   PAU   TIO   TIA   PIAU   PAI

P	A	T	O	N	S	G
R	L	C	P	É	J	H
P	S	E	Q	T	S	T
A	T	P	I	A	U	V
U	I	Z	P	T	M	P
Z	O	A	O	I	G	A
L	J	D	S	A	X	I

PACA

desenho: Alupá Kaiabi

A paca come fruta.

CA CO CU

PACU	O pacu assado é muito bom.
COCO	A cutia come coco.
CUIA	A cuia serve para tomar mingau.
CAITITU	O caititu bebeu água no rio.
CABEÇA	O pica-pau tem cabeça vermelha.

Sugestões para o professor:

Leia as frases junto com os alunos em voz alta.
Peça para os alunos contarem uma história sobre o caititu.
Ajude os alunos a escrever frases sobre o caititu na lousa.
Leia as frases com os alunos.
Peça para eles copiarem no caderno.
Faça um cesto de letras e peça para os alunos montarem as palavras que já aprenderam.

Escreva os nomes nos desenhos:

 ____________________

 ____________________

 ____________________

 ____________________

Separe as sílabas:

PACA ________ ________

PACU ________ ________

TATU ________ ________

COPO ________ ________

PIPOCA ________ ________ ________

Junte as sílabas:

CAI	TI	TU

____

PI	AU

____

CU	TI	A

____

PA	PAI

____

TU	PI

____

MACACO

Meu tio matou um macaco.
Meu tio comeu o macaco.
Eu comi o macaco.

desenho:Alupá Kaiabi

MA MO MU MI ME

Meu pai matou um pato.
Meu pai comeu o pato.
Eu comi o pato.

Meu tio matou uma paca.
Meu tio matou a paca.
Eu comi a paca.

Eu matei um pacu.
Eu comi o pacu.

Sugestões para o professor:

Leia as frases acima com os alunos em voz alta.

Peça para um aluno ler as frases do macaco, outro para ler as frases do pato e outro para ler as frases do pacu.

Copie as frases na lousa em letra maiúscula de forma, peça para copiarem no caderno.

Peça para os alunos desenharem os animais.

Peça para os alunos escreverem os nomes dos animais no desenho.

Coloque os alunos em roda. Peça para um aluno pensar em uma frase sobre o macaco e falar no ouvido do colega ao lado. Cada um vai passando a frase que entendeu falando no ouvido do outro até chegar na pessoa que inventou a frase. Ela vai ter que dizer o que chegou no ouvido dela em voz alta para todo mundo ouvir.

Conte uma história sobre o macaco para os alunos.

Peça para eles desenharem a parte que mais gostaram da história.

Junte as sílabas:

MU	TU	CA	____________________
MA	CU	CO	____________________
MA	PA		____________________
CA	MA		____________________

ARARA

Yakumin Aweti

A arara vive no mato e gosta de voar. Ela tem um rabo bem comprido.

A arara faz ninho na árvore seca de buriti. Ela cria dois filhotes.

As penas dela servem para fazer artesanato, o rabo serve para fazer cocar.

Ela se alimenta de frutas como o buriti, o pequi, o ingá, o açaí e o inajá.

desenho: Alupá Kaiabi

Sugestões para o professor:

Leia em voz alta o texto da arara.

Peça para seus alunos contarem o que sabem sobre a arara.

Peça para fazerem um desenho da arara no caderno.

Separe as sílabas:

ARARA ________ ________ ________

PIRARARA ________ ________ ________ ________

CURIMATÁ ________ ________ ________ ________

Junte as sílabas para formar as palavras:

TO MA RA CA PA

____

____

____

____

____

____

Complete usando **A** ou **O**:

O RATO A ÁRVORE

____ FRUTA ____ PIRARARA ____ BURITI

____ PENA ____ ARARA ____ FILHOTE

____ ARTESANATO

CARAÍBA

desenho: Tupanumaká Waurá

O caraíba come boi.

BA BE BI BO BU

CURICA	A curica come buriti.
MACAÚBA	A paca come macaúba.
BATATA	Na minha roça tem batata.
BICO	O bico do pica-pau é afiado.
URUBU	O urubu come carniça.
PEREREBA	A perereba é doce.
BURITI	Nós usamos o buriti para fazer rede.

Sugestões para o professor:

Leia as frases em voz alta para os alunos.

Peça para os alunos escolherem uma das frases acima e escrever mais uma idéia. Por exemplo: A perereba é doce. A perereba é feita de mandioca.

Peça para cada aluno ler o que escreveu.

Separe os alunos em grupinhos e dê para cada grupo um livro que tiver na escola. Peça para eles procurarem e escreverem no caderno palavras que comecem ou terminem com BA ou BO (ex: bacia, banana, bobo).

Complete as frases como no exemplo abaixo:

A arara come coco.

A cutia come ___________.

O macuco come ____________ .

O piau come _____________ .

A paca come ____________ .

O pato come ____________ .

A curica come ___________ .

O macaco come ___________ .

COMIDA

A comida indígena é muito boa.

DA DE DI DO DU

DIA	Amanhã é dia de festa.
DEDO	A mutuca picou o meu dedo.
MARIDO	O marido matou peixe para a esposa.
MÉDICO	O médico falou com o pajé.

Sugestões para o professor:

Faça um ditado com as frases acima para seus alunos.
Peça para eles inventarem uma história com uma das frases (atividade oral).

Peça para os alunos juntarem as letras no cesto de palavras para escreverem as palavras aprendidas.

Peça para seus alunos pensarem em palavras que combinam com a palavra FESTA.
Ex: **festa** / alegria, música, dança etc.
comida / gostosa, salgada, doce etc.

Escreva os nomes nos desenhos:

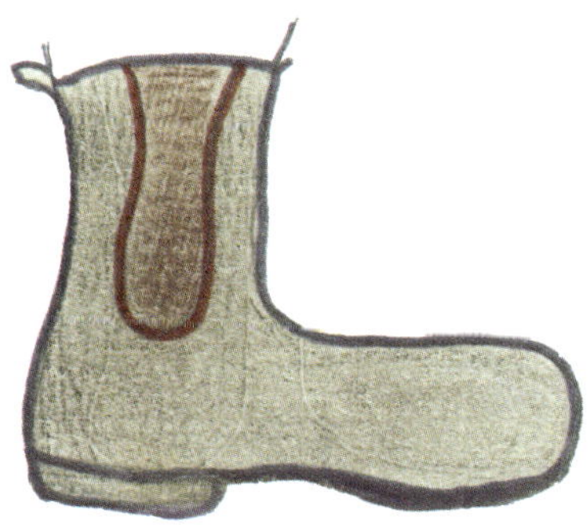

desenhos: Nhikrakaissé Suyá, Nhàkapry Mẽtyktire e Eduardo Biral

BANANA

O menino pediu mingau de banana.

Eu dei mingau de banana para o menino.

O menino bebeu tudo.

Mingau de banana é bom.

desenho: Kátkryt Tapayuna

NA NE NI NO NU

CANOA	Antigamente a canoa era feita de casca de jatobá.
TUCUNARÉ	Tucunaré assado é muito gostoso.
MENINA	A menina é bonita.
PANO	Meu tio deu um pano para a menina. O pano é muito bonito.

Sugestões para o professor:

Peça para seu aluno escrever uma frase com as palavras MENINO e PESCAR.

Escreva as duas palavras MENINO e PESCAR na cartolina, recorte as letras e peça para os alunos montarem outras palavras com as mesmas letras.

Escreva o texto do mingau de banana na lousa em letra de forma maiúscula e peça para seus alunos copiarem no caderno e fazerem um desenho.

Divida seus alunos em dois grupos e faça um ditado de fichas com as palavras MENINA, PANO, TUCUNARÉ, CANOA, BANANA, COMIDA etc (é bom ter uma palavra para cada aluno). Cada aluno escolhe uama ficha e lê.

Escreva frases com as palavras das fichas na lousa.

Peça para cada aluno ir até a lousa e levar sua ficha para circular a palavra na frase.

Complete as sílabas que faltam com:

NA - NE - NI - NO - NU

ME____ NO   CA ____ TA   BA ____ NA

TUCU_____ RÉ   TUCA ____   BO ____ TO

Forme palavras juntando as sílabas:

PA / CA paca
PA \ CU pacu

PE \ NA ____________
CA / NA ____________

BO / TA ____________
BO \ CA ____________

MENI / NO ____________
MENI \ NA ____________

FACA

Meu pai tem uma faca.
A faca do meu pai é boa.
A faca está afiada.

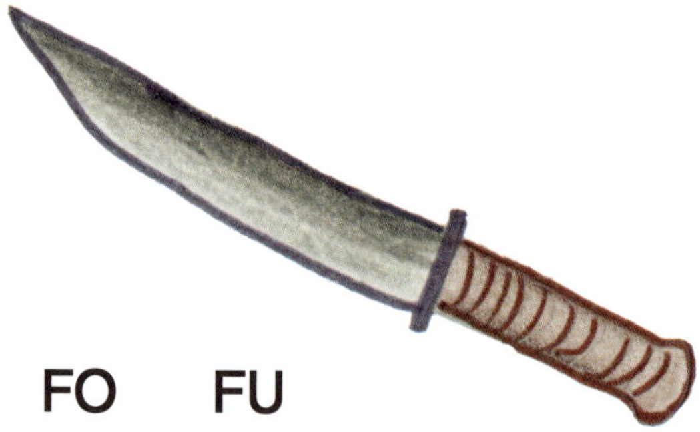

desenho: Eduardo Biral

FA FE FI FO FU

Sugestões para o professor:

Peça para os alunos copiarem o texto da faca no caderno.

Peça para escreverem uma frase com a palavra FUNAI.

Peça para escreverem palavras que comecem com FA, FE, FI, FO, FU (podem pensar ou procurar em livros).

Leia as palavras:

FUMO	FACA	FERIDA
FOFOCA	FOTO	FITA
FOME	FEIO	FURO
FAROFA	FUNAI	FEDIDO

Coloque as palavras acima na casinha certa de acordo com a sílaba inicial:

FA	FE	FI

FO

FU

Complete as frases:

O menino foi no ________________ .

O caraíba ______________ muito café.

A banana está ________________ canoa.

Meu pai deu um tiro no ______________ .

Junte as sílabas para formar palavras:

TU MU NO TO

CA MA PA

________________ ________________

________________ ________________

________________ ________________

________________ ________________

JACARÉ

desenho: Kamaluwe Mehinaku

O jacaré mora no rio.
O jacaré come pato.

JA JE JI JO JU

Separe as sílabas:

CAJU ______ ______

JACU ______ ______

CORUJA ______ ______ ______

PAJÉ ______ ______

JENIPAPO ______ ______ ______ ______

JARINA ______ ______ ______

JAÓ ______ ______

JAÚ ______ ______

BEIJU ______ ______

JIRAU ______ ______

JARARACA ______ ______ ______ ______

Forme frases com as palavras:

Exemplo: | CORUJA | NOITE |

A coruja pia de noite

| CAJU | MADURO | ______________________________

| FACA | JIRAU | ______________________________

| PAJÉ | MORENÁ | ______________________________

Caça-palavras:

JABUTI JACA BEIJU CORUJA
JENIPAPO JACU JIRAU

J	I	R	A	U	D	L	E
A	A	L	I	J	A	C	U
C	V	G	E	A	S	O	R
A	M	F	T	B	Q	R	U
B	E	I	J	U	O	U	M
C	H	B	U	T	P	J	P
S	Z	N	F	I	R	A	A
J	E	N	I	P	A	P	O

Copie as palavras do caça-palavras no caderno.

Faça um desenho de cada palavra.

Sugestões para o professor:

Pergunte oralmente para os alunos onde a coruja mora, o que ela come, como é o seu canto, como são as penas, as unhas etc.

Escreva um texto coletivo sobre a coruja na lousa, leia para seus alunos.

Peça para os alunos copiarem o texto no caderno.

Peça para fazerem um desenho da coruja.

VEADO

desenho: Alupá Kaiaibi

Eu fui no mato com meu avô.
Eu vi um veado e uma capivara
Meu avô deu um tiro e matou o veado.
Eu e meu avô comemos o veado.

OVO	O ovo de tracajá é bom com beiju.
AVÓ – AVÔ	Minha avó e meu avô sabem muitas histórias.
CAPIVARA	A capivara gosta de nadar.
VENENO	O veneno da mandioca brava é bom para matar formiga na roça.
PAVURU	O Posto Pavuru fica na beira do rio Xingu.

VA VE VI VO VU

Sugestões para o professor:

Peça para os alunos falarem palavras que comecem com VA, VE, VI, VO, VU.
Peça para os alunos pensarem uma frase com a palavra VEADO. Escreva as frases dos alunos na lousa.
Peça para eles copiarem no caderno.

Copie as palavras no caderno e faça um desenho de cada palavra:

OVO BEIJU MACAÚBA

CAPIVARA VACA BARATA

Complete as frases com as palavras dadas:

VEADO VACA CAPIVARA AVÔ OVO

Meu ______________ matou um _________________ .

Eu vi uma __________________ na praia.

O caraíba come ___________________ .

Eu vi um _________________ de jacu.

Invente uma frase para o desenho:

SAPO

desenho: Alupa Kaiabi

O sapo mora na beira do rio.
O sapo come saúva.
O sapo sumiu.
A sucuri comeu o sapo.
A sucuri está no rio.

SECA	No tempo da seca tem muito peixe.
SAPÉ	O sapé é usado para fazer casa.
SOCÓ	O socó é pescador.
SAPATO	Eu perdi meu sapato na lama.

SA SE SI SO SU

Sugestões para o professor:

Leia em voz alta as frases acima.
Peça para cada aluno ler uma frase.

Peça para seus alunos falarem nomes de pássaros que são pescadores. Ajude os alunos a escrever os nomes de alguns pássaros.
Peça para eles montarem os nomes dos pássaros com o cesto de letras.

Peça para os alunos contarem alguma história de sapo que eles conhecem. Depois peça para eles desenharem a história.

Escreva o nome dos desenhos:

____

____

____

desenhos: Beruw Mẽtyktire, Dukarë Juruna, Alupá Kaiabi

Complete as frases com as palavras indicadas:

saco	botei

Eu ____________ a batata no ______________ .

capivara	deu

Meu avô ____________ um tiro na ________________ .

tio	saiu

Meu pai ___________ com meu ___________ .

canoa	subi

Eu __________ o rio de ____________.

Leia e escreva os nomes na coluna certa:

SOCÓ PICA-PAU PACU PIAU TUCUNARÉ

PATO ARARA CURIMATÁ PIRARARA CORUJA

PEIXES	PÁSSAROS

O SAPO

Aiguré Ikpeng

O sapo tem braços e pernas finas, tem os olhos grandes e para fora, tem boca grande, não tem os dentes e nem tem bunda.

Ele só come mosca, mosquito, barata, grilos. Ele não come peixes e nem carne de animais.

Ele é perigoso, tem seu veneno. A gente tem que ter muito cuidado com os olhos. Ele pula, pula muito.

Sugestões para o professor:

Escreva na lousa todas as palavras do texto acima que os alunos não conhecem e converse sobre seu significado.

Escreva o significado das palavras na língua materna para os alunos copiarem no caderno.

GOIABA

O menino viu uma goiaba madura.

O menino subiu na goiabeira e pegou a goiaba.

O menino deu a goiaba para a menina.

A menina comeu a goiaba.

GA GO GU

desenhos: Kaomi Kaiabi

Junte as sílabas:

FO | GO	FOGO
GA | TO	__________
JO | GO	__________
A | MI | GO	__________
GAI | VO | TA	__________
A | MI | GA	__________
GOI | A | BA	__________

Complete com uma das palavras do quadro:

FOGO	AMIGO	PAPAGAIO	GAIVOTA	GOIABA

O menino pegou uma ________________ madura.

A ________________ voa bonito.

A menina apagou o ________________ .

O ________________ bicou meu dedo.

Meu ____________ viajou.

PAPAGAIO

Kanawayuri Kamaiurá

O papagaio é uma ave bonita de penas coloridas: verdes, amarelas e vermelhas.

Os olhos dele são cor de caramelo.

Ele tem bico afiado e amolado que faz comer qualquer tipo de frutas duras e moles como o buriti e o pequi, e o ajuda a furar pau oco para fazer o seu ninho.

Ele mora dentro do pau oco, põe ovos na época da seca, tem dois filhotes. É cuidadoso com os filhotes, até quando eles ficam grandes.

O papagaio é uma ave conhecida como faladora. Ele aprende a imitar a nossa risada, choro de criança, fala o nome da pessoa que cuida dele e sabe cantar. Ele é muito esperto.

Desenho: Kãkatá Suiá

Sugestões para o professor:

Leia o texto do papagaio para os alunos.

Peça para um aluno reler o texto.

Escreva as palavras que os alunos não conhecem e explique o significado de cada uma delas.

Peça para os alunos escreverem uma história sobre um AMIGO.

RIO

desenho: Kaomi Kaiabi

O menino foi ao rio.
O menino pegou um tucunaré, uma bicuda e um piau.

RA RE RI RO RU

Leia as frases abaixo:

RÁDIO O chefe da aldeia está falando no rádio.

REDE Minha mãe está ensinando minha irmã a fazer rede.

REMO Eu pedi emprestado o remo do meu primo para ir pescar.

Sugestões para o professor:

Peça para cada aluno ler uma frase.
Peça para os alunos copiarem as frases no caderno.

Leia e copie as palavras:

REMO

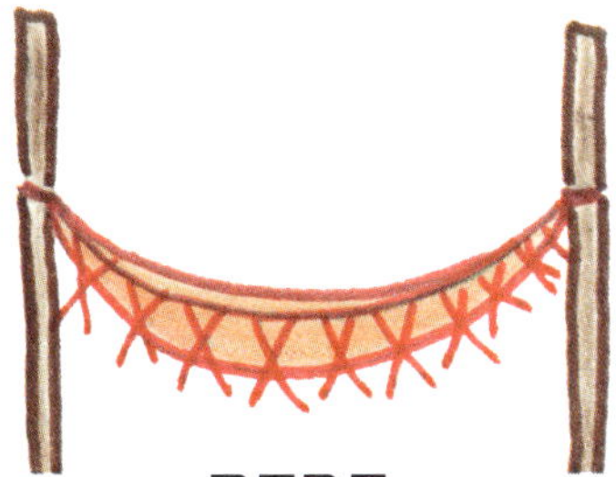

REDE

RÁDIO

BURITI

ABÓBORA

REMÉDIO

RATO

ARARA

BARATA

URUBU

CARAÍBA

Desenhos: Alupá Kaiabi, Beruw Mẽtyktire, Nhakapry Mẽtyktire, Marina Kahn e Eduardo Biral

RIO NA SOMBRA

Cecília Meireles

Som frio.

Rio sombrio.

O longo som
do rio
frio.

O frio
bom
do longo rio.

Tão longe,
tão bom,
tão frio
o claro som
do rio sombrio!

desenho: Pitoga Ikpeng

Sugestões para o professor:

Leia a poesia "Rio na Sombra" e pergunte aos alunos o que eles entenderam.
Peça para fazerem um desenho sobre a poesia.

MAPA

Loike Kalapalo

O mapa é uma coisa que mostra tudo o que tem no mundo, ou melhor, na Terra.

O mapa pode mostrar a foto do mundo todo, pode mostrar cada país, cada estado, cada município.

O mapa também pode mostrar as Terras Indígenas.

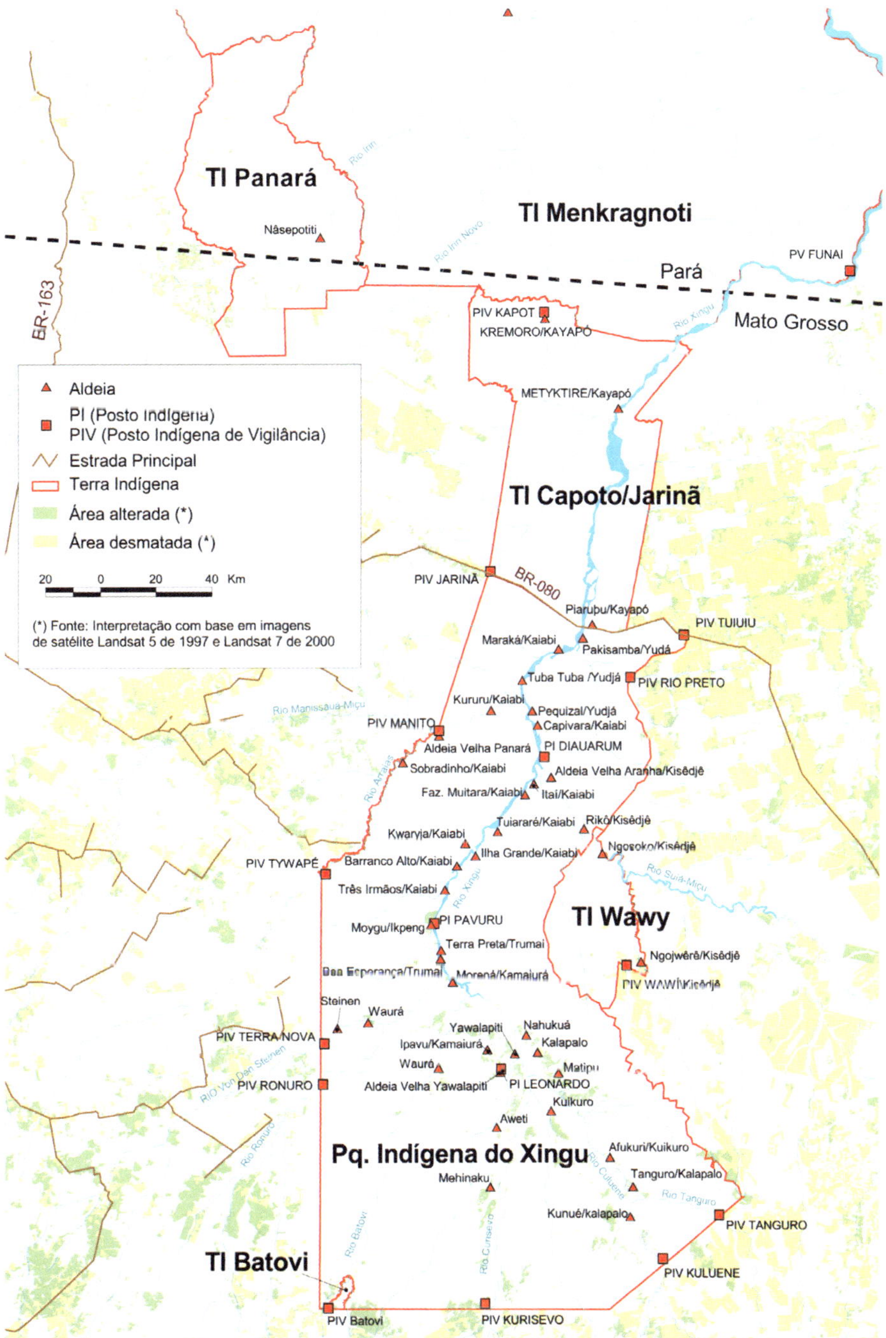

Através dos mapas, podemos descobrir onde há rios, cidades, estradas, pontes, aldeias indígenas, serras, florestas, lagos, onde a floresta já foi desmatada.

O mapa pode mostrar muitas coisas.

Sugestões para o professor:

Leia o texto acima.

Explique o que é desmatamento.

Converse com seus alunos sobre a importância do mapa.

Peça para eles desenharem um mapa da aldeia.

ANTA

desenho: Nhàkapry Mẽtyjtire

Na nossa terra indígena tem muitos animais. A anta é um dos maiores bichos da floresta. Alguns povos gostam de comer anta, outros não comem.

Ontem meu tio matou uma anta. Todo mundo ficou contente.

Junte as sílabas e faça um desenho das palavras formadas:

DEN	TE	

____

PEN	TE	

____

IN	GÁ	

____

MAN	GA	

____

MAN	GA	BA

____

BAN	CO	

____

DO	EN	TE

____

PA	REN	TE

____

Monte frases com essas palavras:

Exemplo: | mingau | mandioca |

Eu tomei mingau de mandioca.

| manga | madura |

____

| pajé | doente |

____

| banco | madeira |

____

OS ANIMAIS

Aturi Kaiabi

Na nossa história os animais eram todos gente. Depois os homens pensaram que não dava para viver todos como gente e os grupos foram divididos: alguns viraram animais e outros ficaram como gente. Isso aconteceu também porque não tinham como se alimentar.

Por isso que tem índios que não comem alguns bichos, porque eles sabem que os animais também são do nosso povo.

Os animais vivem que nem gente, eles se reproduzem, criam seus filhotes, cantam e piam. Eles sabem cuidar da sua vida, que nem gente.

Os animais cantam, sorriem, amam e têm carinho pelos seus filhotes, pela sua mulher ou seu marido.

Os animais ficam tristes na chuva.

Nós precisamos cuidar bem dos nossos animais.

Sugestões para o professor:

Leia o texto "Os animais" em voz alta e peça para um aluno ler novamente.

Pergunte para os alunos as palavras que eles não conhecem e explique o significado.

Pergunte se eles conhecem uma história sobre algum animal que era gente.

Peça para os alunos desenharem a história.

Ajude os alunos a escrever algumas frases sobre a história.

Coloque os nomes na coluna certa (animais, peixes, frutas e aves):

CORUJA PINTADO MANGA CUTIA CAITITU MACUCO

CAPIVARA PICA-PAU INGÁ JAÓ CURIMATÁ

PACU GOIABA ANTA PIRARARA CAJU

desenhos: Alupá Kaiabi

ARCO

O arco é uma arma.
A borduna é uma arma.
Nós somos os donos do arco e da borduna.

Desenhe o arco que o seu povo usa.

Separe as sílabas:

BARCO _______ _______

BORDUNA _______ _______ _______

PORTO _______ _______

MOTOR _______ _______

PORCO _______ _______

VERDADE _______ _______ _______

CADERNO _______ _______ _______

Complete a frase com as palavras dadas:

doutor	doente

O ____________ vai dar remédio para o ________________ .

cocar	arara

Meu pai tem um _____________________ de pena de _________________ .

porco	gordura

A carne de _________________ tem muita _____________ .

porta	aberta

A ________________ da sala de rádio está ______________ .

Complete com uma das palavras do quadro:

pintar	subir	tomar	comer	deitar	viajar

Eu vou ________________ mingau.

O menino vai ____________________ beiju.

A menina vai ___________________ o corpo.

Eu vou _____________________ na rede.

A criançada gosta de _______________no pé de caju.

Meu pai vai _______________ para Brasília

FESTA

desenho: Amutuá Waurá

Festa do Sapukayawá

Nossa festa é muito bonita.
Todo mundo se pinta e se enfeita.
Na festa tem bastante comida.

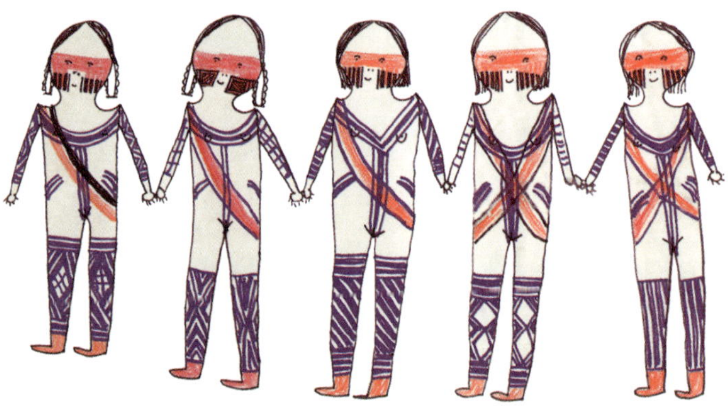

desenho: Irebô Mẽtyktire

desenho:Patyx Mẽtyktire

Festa do Jawari

desenho: Mawaiá Mehinaku

Festa do Tawarawanã

desenho: Tunuli Yawalapiti

Copie os nomes dos desenhos:

ESPINGARDA ______________________

ESCADA ____________________

ESCOVA ______________________

ÔNIBUS ____________________

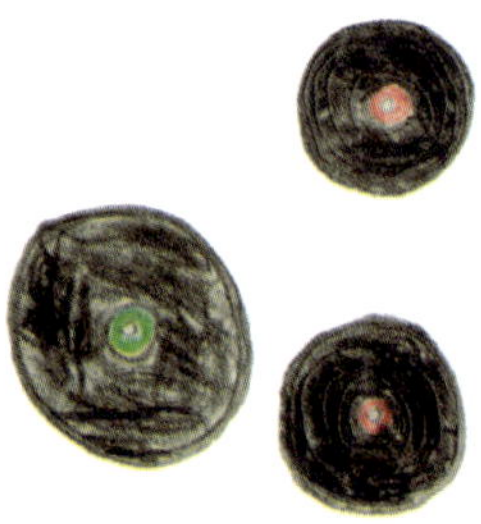

DISCO ____________________

ESPÍRITO ______________________

desenhos: Alupá Kaiabi, Yaopá Ikpeng, Mukura Ikpeng

Leia as palavras abaixo.

Escreva uma frase com cada uma das palavras.

A FESTA O PESCADOR A PISTA

A ESPINGARDA A ESCOVA O ESTUDANTE

A ISCA O ESPÍRITO O FÓSFORO

A ESCADA A MOSCA A PASTA O POSTO

Sugestões para o professor:

Converse com seus alunos sobre a importância da festa em sua comunidade.

Pesquise com os mais velhos a história de uma das festas de seu povo e conte para os alunos.

Peça para que escrevam um texto sobre a festa: como é, o que acontece, se é divertido, quais os enfeites, o que comem etc.

Peça para os alunos fazerem um desenho sobre a festa.

Escrever uma lista de nomes de enfeites usados na festa.

Escrever os nomes das festas da sua comunidade.

Junte as sílabas para formar palavras:

PAS
FES → TA
TES
PIS

CAS
MOS → CA
PES

POS
ROS → TO
SUS

Ligue para completar as frases:

O médico	estava bonita.
O pescador	estou com fome.
A festa	deu remédio para o doente.
O agente de saúde	foi cortar pau no mato.
Meu pai	tomou mingau.
Eu	mora no posto.
A canoa	pegou uma bicuda.
Ela	está no porto.

Escreva o nome correto dos desenhos:

BISCOITO
ESCOVA
FÓSFORO

____

CASCA
MOSCA
PASTA

____

PESCADOR
ESTUDANTE
ENFERMEIRA

____

GOSTO
ROSTO
POSTO

____

desenhos: Alupa Kaiabi, Beruw Mẽtyktire, Eduardo Biral

ESCADA

ISCA

ESPINGARDA

____

ESPÍRITO

VESTIDO

ÔNIBUS

____

Complete as frases de acordo com os desenhos:

A canoa está no ____________.

A corda do meu ____________ é de buriti.

Eu comi carne de ________________ com beiju.

Todo mundo se enfeitou para a _____________.

desenhos: Takàkdjà Mẽtyktire, Beruw Mẽtyktire, Aumari Yawalapiti, Iutsia Yawalapiti

Siga o modelo:

um pacu

muitos pacus

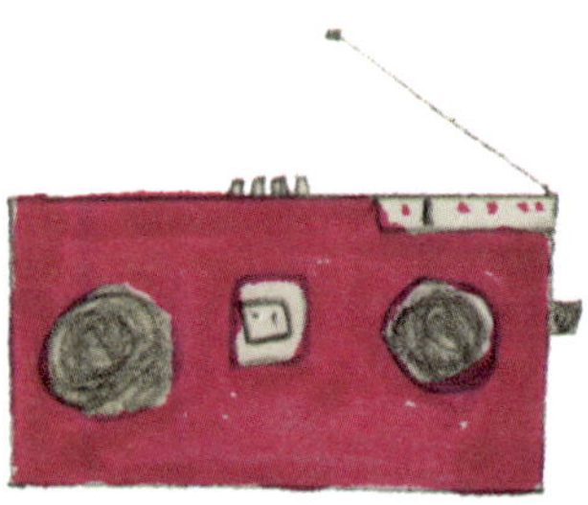

desenhos: Lalati Kuikuro, Marina Kahn, Kryjre Mẽtyktire

uma paca

muitas pacas

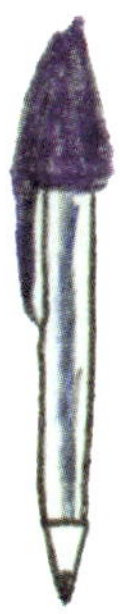

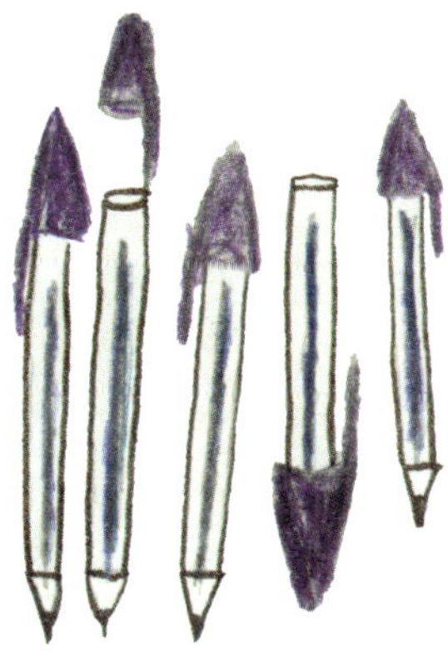

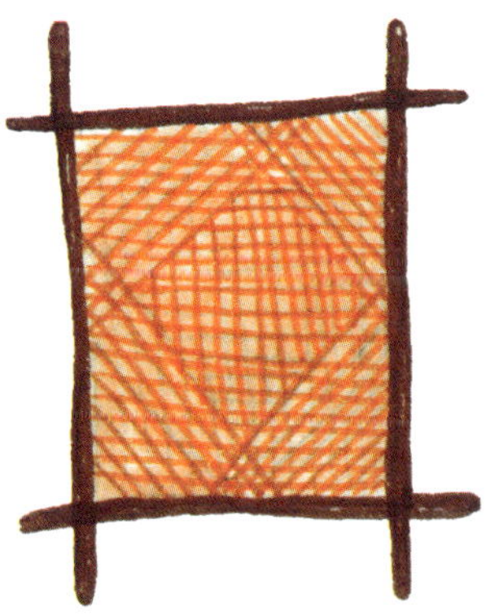

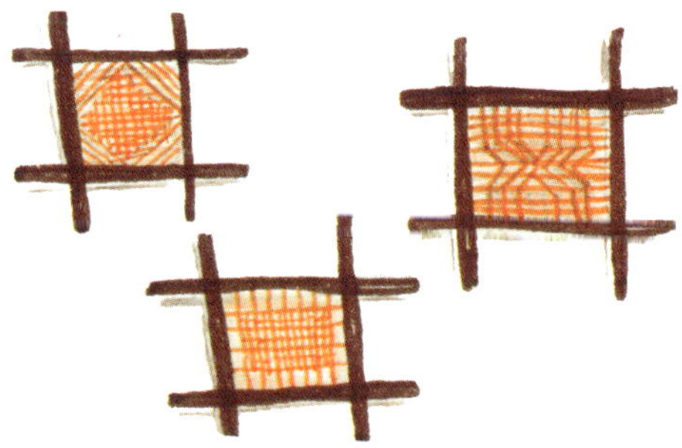

AVIÃO

desenho: Kapiuká Ikpeng

O avião veio buscar o doente.
Todo mundo foi na pista ver o avião.
O avião era do Distrito.

ão	sabão mamão gavião mão	facão arpão reunião capitão	irmão feijão carvão pilão
ã	irmã imã	amanhã manhã	
ãe	mãe	mamãe	

Complete as frases com as palavras:

irmã irmão

Meu ________________ foi pescar.

A ________________ do meu amigo foi no rio.

mão mãe

A ________________ do meu amigo viajou.

O menino feriu a ________________ .

carvão arpão

Eu vou pintar a perna com ______________ e jenipapo.

Kokoti tem um ________________ .

mamão reunião

O capitão estava na ________________________ .

Meu irmão comeu ________________ .

gavião feijão

O ______________ come carne.

Eu comi muito ______________ .

sabão facão

Eu cortei cana com ______________ .

Eu lavei roupa com ______________ .

Complete as frases de acordo com os desenhos:

O menino está ______________

____________________________.

Meu irmão está ______________

____________________________.

desenos: Eduardo Biral

Meu pai está ______________ .

Meu tio está ______________.

Meu amigo está ______________

____________________________.

A mãe está ______________
a menina.

QUANDO EU ERA PEQUENO

Jefuká Kaiabi

Quando eu era pequeno brincava com um aviãozinho que eu construía com pauzinhos.

Eu dizia que o avião ia buscar um paciente aqui no Xingu.

Brincava que o paciente entrava no avião, que o avião saía voando e levava o paciente até o hospital da cidade.

Sugestões para o professor:

Peça para seus alunos escreverem um texto sobre o que mais gostam de brincar (ou gostavam quando crianças).

Peça para os alunos trazerem material para construir um avião de brinquedo na escola.

Peça para os alunos escreverem um texto sobre o avião.

MUTUM

desenho: Nhàkapry Mẽtyktire

Meu irmão matou um mutum
A carne do mutum é boa.

URUCUM — O urucum é vermelho.

TUCUM — Os passarinhos gostam do coquinho de tucum.

PIUM — A picada do pium dá coceira.
Na beira do rio tem muito pium.

DIAUARUM — O Posto Diauarum é uma antiga aldeia Suyá.

Complete as frases com as palavras do quadro:

capim	fim	ruim	pium	urucum	bem

A menina pintou a testa com ____________________.

Na beira do rio tem ____________________.

A capivara come ____________________.

O motor do barco está __________________.

O pajé canta ____________________.

Meu pai saiu para pescar no ________________ da tarde.

Escreva uma frase com cada palavra abaixo:

tucum	capim	Diauarum	pium

____

____

____

____

Escolha uma das frases e faça um desenho.

LUTA

desenho: Sepe Kuikuro

No dia da festa teve luta.

Meu irmão lutou. Ele foi campeão.

LA LE LI LO LU

COLAR O colar de caramujo é uma riqueza dos povos do Alto Xingu.

LIDERANÇAS As lideranças pedem para os jovens não imitarem o corte de cabelo dos brancos.

Sugestões para os professores:

Peça para continuarem esta história:

"No dia da festa teve luta.

Meu irmão lutou. Ele foi campeão."

Escreva a frase das LIDERANÇAS na lousa.

Converse com seus alunos porque as lideranças fazem este pedido. Depois de conversar, peça para escreverem um texto sobre esta frase no caderno.

Qual é o tipo de colar que o nosso povo faz?

Quais são os materiais necessários para fazê-lo?

Quem faz?

Quem usa?

Desenhe um colar.

Complete as frases com as palavras:

aula aluno

Depois da ________________ o ________________ foi pescar.

colar amigo

Meu ____________ me deu um _______________ de tucum.

lanterna eu

Ontem à noite _____________ perdi a _________________.

beira borboletas

Tem muitas _____________ amarelas na ________________ do rio.

escola estão

Os meninos ___________________ lavando a _________________.

mandou pelo

Meu irmão ______________ recado _______________ rádio.

Escreva uma frase para cada palavra:

PANELA

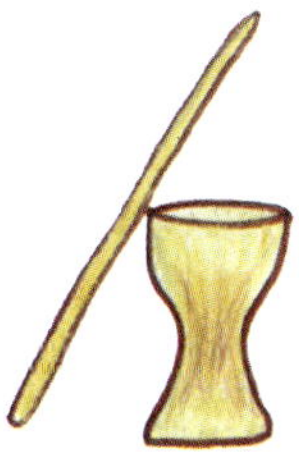

PILÃO

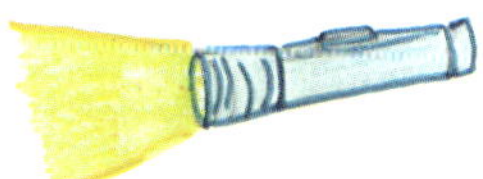

LANTERNA

LUA

BORBOLETA

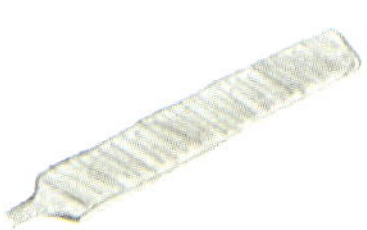

LIMA

desenhos: Rui Kàk, Eduardo Bi·al

Leia com atenção:

Meu irmão pegou malária.

Ele ficou muito doente.

A menina foi ao rio.

Ela foi lavar roupa.

Os alunos estão na escola.

Eles estão estudando.

As meninas saíram.

Elas foram buscar mandioca.

Agora complete com **Ele** ou **Ela**, **Eles** ou **Elas**.

O dentista viajou

___________ foi para São Paulo.

A enfermeira saiu.

__________ foi levar remédio para o doente.

Os estudantes não vieram à escola.

__________ foram à festa.

As meninas foram no mato.

__________ foram pegar ingá.

PEQUI

desenho: Alupá Kaiabi

Pequi com beiju é muito bom.
No Posto Leonardo tem bastante pequi.
Todo mundo toma mingau de beiju com pequi.

QUE QUI

Sugestões para o professor:

Peça para seus alunos escreverem no caderno os tipos de pequi que conhecem na língua materna.
Peça para um velho contar a história do pequi para seus alunos.

Caça-palavras:

PERIQUITO	BOTOQUE	MOSQUITO	MOSQUITEIRO
MÁQUINA	PEQUENO	QUENTE	QUILO

A T U B O T O Q U E U M V I N O A T U A M C I

M O S Q U I T E I R O B E T U V P A T O C A P

O R T W S I O F M T U V I O M R S I N E M E

S T E R R A S M Á Q U I N A G R O Ç A D A I R

Q V P T U R P E Q U E N O R T U M V U T I

U P I N I C I C S U V T V A B E L H A L I Q

I N I O P U L A R I S U I M T V P X O A D U

T T I E M U I J S N S E M E N T E N X T U V I

O T U N A E V O T A V S Q U I L O S U V T P T

F I T U V P Q U E N T E V P T U I S Y A M E O

Complete as frases com as palavras do quadro:

equipe	Leonardo	Parque

Ontem veio um avião aqui no ______________________.

Ele parou no ____________________ , PIV e Diauarum.

Uma ____________________ de médicos veio no avião.

Responda as perguntas de acordo com os desenhos:

Quem veio no avião?

____

O que o piloto está fazendo?

____

O que ele está comendo?

____

O que ela está fazendo?

____

Quem pegou a banana da canoa?

____

Por que o menino está deitado?

____

desenhos: Nhàkapry Mẽtyktire, Eduardo Biral

QUATI

O quati come de tudo.
Ele come banana, mamão, formiga e ovo também.

Responda as perguntas de acordo com os desenhos:

Qual o nome desta festa?

____

Quantas canoas têm no porto?

____

Quantos meninos têm na canoa?

____

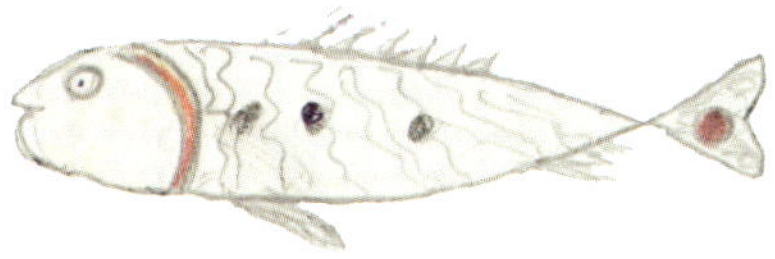

Qual é o nome deste peixe?

____

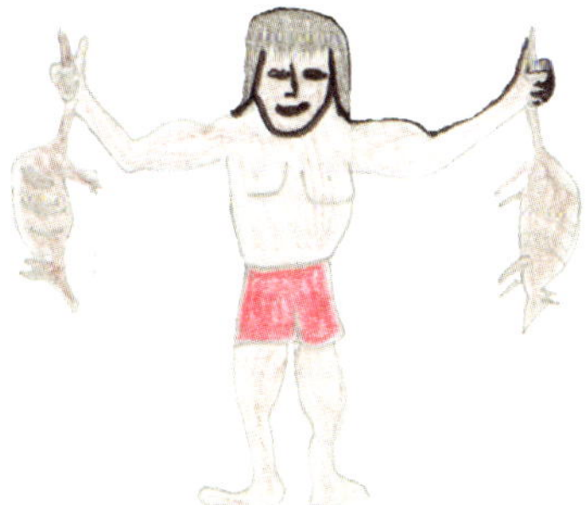

Quantos tatus ele mandou?

____

Quantas meninas estão pintadas?

____

desenhos: Kàtkryt Tapayuna, Anuiá Kamaiurá, Napikï Ikpeng, Eduardo Biral

ALDEIA

Aqui no Parque tem muitas aldeias.
Elas ficam perto do rio.
Eu gosto de morar na aldeia.
Na aldeia tem festa e muita comida.

Sugestões para o professor:

Converse com seus alunos sobre o que eles mais gostam de fazer na aldeia.
Peça um desenho sobre as atividades das pessoas na aldeia.

Copie o nome dos desenhos e escreva uma frase com cada nome:

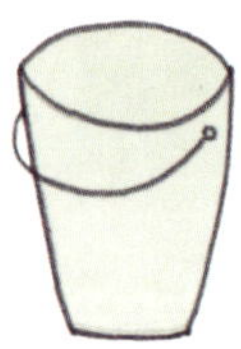

BALDE

ANEL

SOL

FUTEBOL

JORNAL

MEL

desenhos: Wahuku Kuikuro, Eduardo Biral

Complete com uma das palavras do quadro:

futebol
anel
sol
mel

O ______________ está muito quente.

Meu amigo me deu um ________________ de tucum.

O menino foi jogar ___________________.

Meu pai foi tirar ___________________ no mato.

Complete com uma das palavras do quadro:

salgada
papel
caldo
jornal

O piloto do avião me deu um ____________________.

Eu gosto de pimenta com bastante _________________.

A comida ficou um pouco _____________________.

O _______________ está na sala do rádio.

GERADOR

No Parque Indígena do Xingu tem os postos Leonardo, Pavuru e Diauarum.

Cada posto tem um gerador.

desenho: Alupá Kaiabi

GE GI

GENTE RELÓGIO GILETE PÁGINA

Sugestões para o professor:

Perguntar para os alunos para que serve o gerador.
Perguntar para que serve o posto indígena.
Fazer frases com os alunos sobre as atividades do posto.

Complete as frases de acordo com os desenhos:

A gente usa ________________ para tirar a barba.

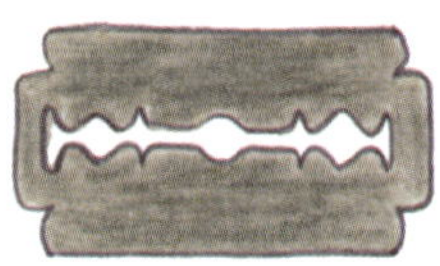

O dentista botou remédio no ______________ do menino.

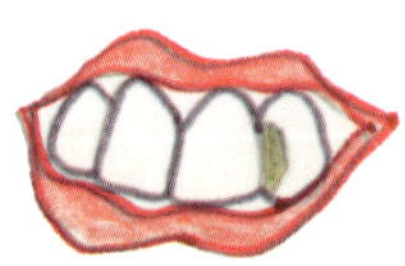

O _______________ serve para a gente saber a hora.

A _______________ da revista está rasgada.

desenhos: Aiuruá Mehinaku, Biral

CIDADE

A vida na cidade é diferente da vida na aldeia.

Na aldeia nós temos muita comida. Não temos que pagar nada.

Na cidade a gente tem que pagar tudo: comida, água e remédio.

Aqui nós temos remédio do mato e tem também atendimento na unidade básica de saúde.

Na aldeia a gente faz muita festa.

A vida na aldeia é muito boa.

Nós gostamos de morar na aldeia.

CE **CI**

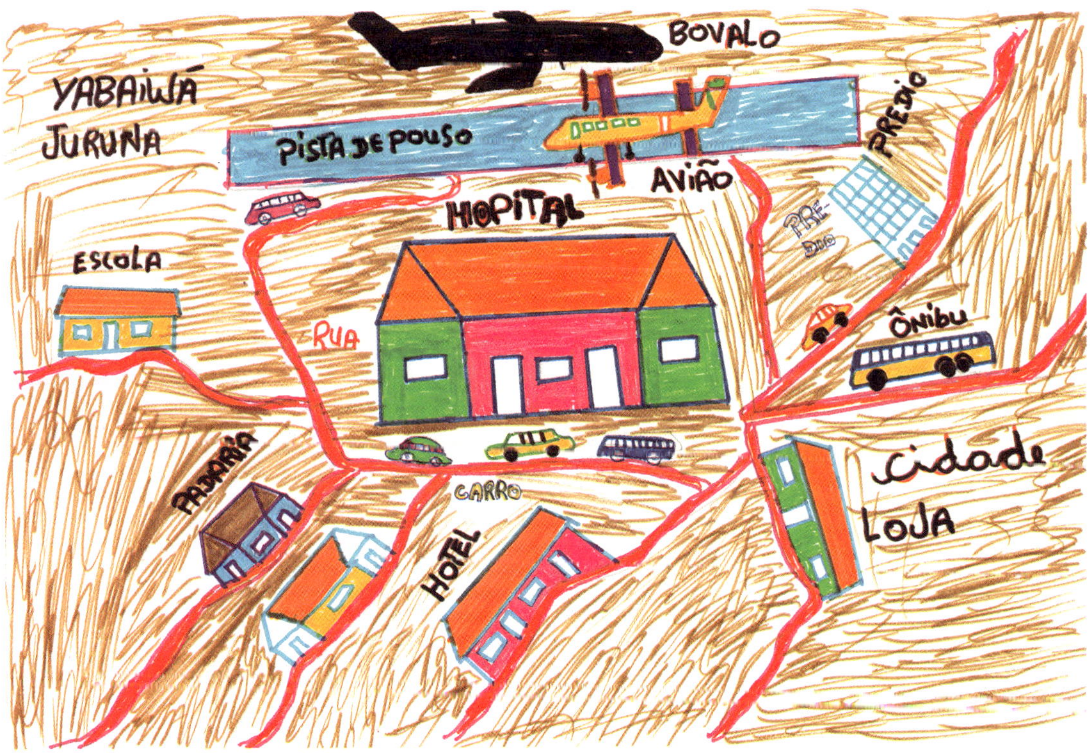

desenho: Yabaiwá Juruna

Sugestões para o professor:

Converse com os alunos sobre outras diferenças entre a vida na cidade e a vida na aldeia.

Escreva frases com as palavras abaixo:

CIDADE   MELANCIA   CESTA   MORCEGO

FARMÁCIA   CÉU   CIPÓ   CINTO

Ligue as palavras com os desenhos:

MELANCIA 

CACIQUE 

MORCEGO 

BACIA 

CESTO 

desenhos: Katàptire Mẽtyktire, Biral

O MORCEGO

Ayumã Kamaiurá

O morcego é um mamífero de cor marrom que voa. Tem dentes e unhas afiados. Gosta da escuridão das cavernas e de paus secos para poder criar os filhotes e dormir. Dorme o dia inteiro com os pés agarrados no teto e fica assim pendurado, quase sem se mexer, até mesmo para ver os filhotes.

Voa a noite inteira para buscar seus alimentos: filhotes de passarinhos, frutas e sapos.

A mamãe morcego gosta de ficar sempre de cabeça para baixo.

Sugestões para o professor:

Leia o texto em voz alta e pergunte para os alunos onde o morcego dorme e o que seus filhotes comem.

Peça para os alunos escreverem uma lista dos animais que ficam acordados durante a noite.

XINGU

Os rios Ronuro, Batovi e Kuluene se juntam no Morená formando o rio Xingu.

É por ele que viajamos para as aldeias e postos, de canoa ou de barco.

O rio Xingu não acaba no Parque. Ele continua até o Pará. No Pará também existem muitas aldeias de outros povos indígenas na beira do rio Xingu.

O rio Xingu é muito importante para nós e para o pessoal do Pará.

XA XE XI XO XU

Terras Indígenas na Bacia do Xingu

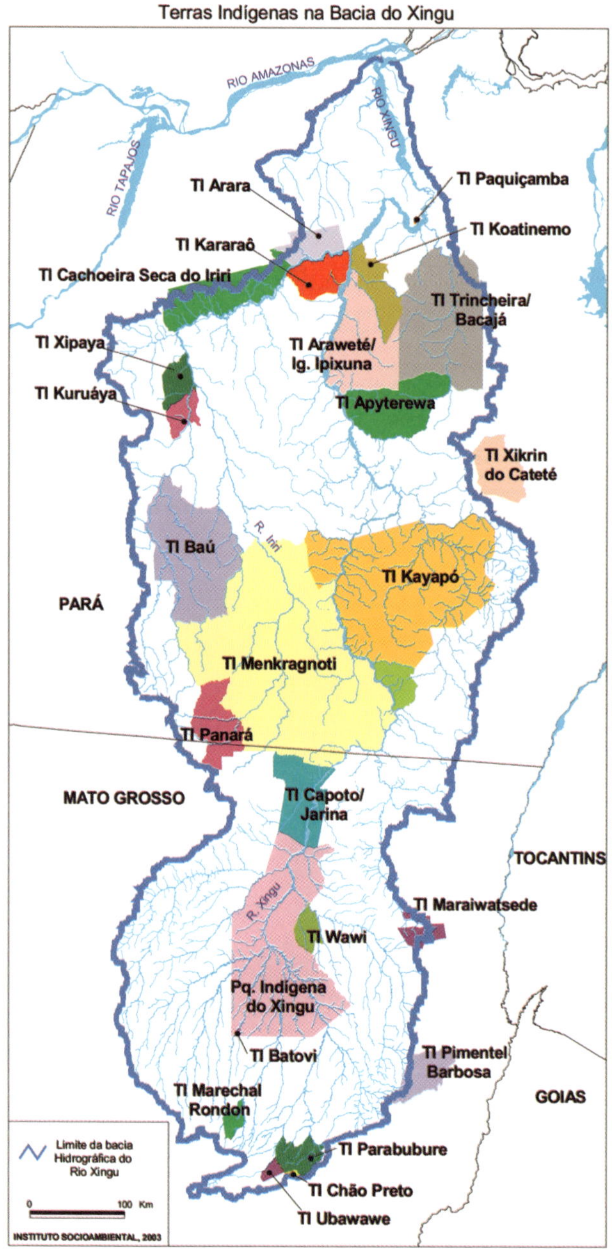

Sugestões para o professor:

Converse com os alunos sobre a importância dos rios.

Por que o rio Xingu é muito importante para as comunidades indígenas? Quais são os bichos que vivem no rio?

O que acontece se um rio fica sujo?

O que os povos do Xingu estão fazendo para defender os rios?

Peça para os alunos escreverem um texto sobre a importância dos rios.

Separe as sílabas e escreva as palavras:

PEIXE					______
XINGU					______
XIXI					______
CAXIRI					______
ENXADA					______
QUEIXADA					______
LIXO					______
MACAXEIRA					______

Forme palavras de acordo com os números:

1 en	2 ri	3 cai	4 ro	5 da
6 ca	7 xa	8 li	9 pe	10 xi

Exemplo: 1 – 7 – 5 enxada

3 – 7 ______

6 – 10 – 2 ______

10 – 10 ______

7 – 4 – 9 ______

8 – 7 ______

Escreva os nomes de todas as aldeias do Parque que ficam na beira do rio Xingu.

PEIXE ASSADO

desenho: Kaomi Kaiabi

Aqui no Xingu tem muitos peixes. Tem tucunaré, bicuda, pacu, piau, pintado, curvina, pirarara, jaú, jaraqui.

Todo o pessoal do Xingu gosta de comer peixe assado com beiju.

Junte as sílabas:

TOS SE ______________________________

MAS SA ______________________________

PES SO AL ______________________________

OS SO ______________________________

PAS SA DO ______________________________

Complete:

Domingo passado eu fui passear de ______________.

A menina passou urucum na ______________.

Limão com mel é bom para a ______________.

A menina colocou a massa de mandioca no ______________.

Separe as sílabas e escreva as palavras:

ASSADO [ ] [ ] [ ]

____

PESSOAL [ ] [ ] [ ]

____

ASSUSTADO [ ] [ ] [ ] [ ]

____

PASSARINHO [ ] [ ] [ ] [ ]

____

ASSOCIAÇÃO [ ] [ ] [ ] [ ]

____

PROFESSOR [ ] [ ] [ ]

____

PROFESSORA [ ] [ ] [ ] [ ]

____

Quais são os alimentos que nosso povo gosta de comer assado?

Quais são os alimentos que nosso povo gosta de comer cozidos?

Escreva a receita de algum alimento.

MUDANÇA PARA A ALDEIA KAPÔT

Bepdjàti Mẽtyktire

Quando eu estava com sete anos, meu pai me levou para fazer a aldeia nova, Kapôt. Nós fomos os primeiros habitantes do Kapôt. Meu pai levou toda a família para a aldeia nova, nós chegamos de helicóptero porque não tinha pista de pouso. Logo meu pai começou a trabalhar fazendo a aldeia e a pista de pouso e minha mãe estava nos criando. Quando eu fui crescendo, comecei a caçar bichos e procurar frutas para nossa alimentação.

Antigamente quando os antigos moraram nesta aldeia, o nome dela era Rojkôre mas agora nós chamamos de Kremôrô, em homenagem a esse grande chefe.

Escreva uma frase com cada palavra abaixo:

HOMEM HOTEL HORA HOSPITAL HELICÓPTERO

Complete com uma das palavras do quadro:

homem hotel hora hospital helicóptero

A gente usa relógio para saber a ____________.

O ____________________ da FAB desceu no posto Leonardo.

Meu tio foi para São Paulo porque estava doente. Ele ficou internado no ____________________.

O funcionário do posto foi à cidade e ficou hospedado no ______________.

Aqui no Parque é o _____________ que faz cesto e peneira.

Escreva uma história sobre este desenho:

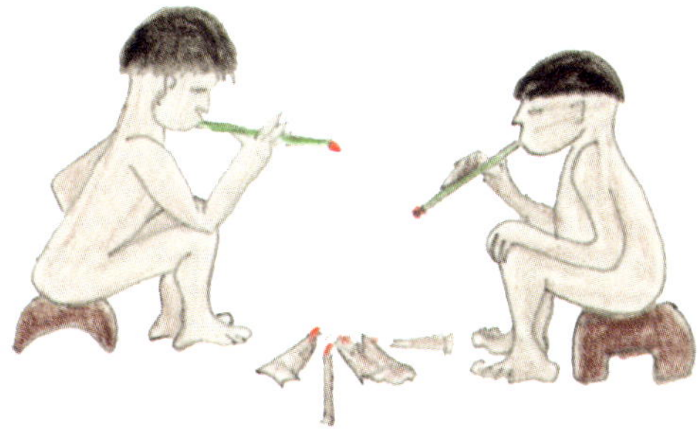

desenho: Eduardo Biral

TERRA

Mairawe Kaiabi

É importante saber que antigamente o nosso território era grande. A gente andava muito, não tinha preocupação com nada. Ia longe buscar recursos para a sobrevivência como material para fazer flecha, arco, barro para fazer panela, até mesmo raízes para remédio.

Tudo isso com a chegada do branco no Brasil foi ficando difícil. Muitos grupos foram expulsos de sua terra, outros foram morrendo de doenças, outros foram saindo, fugindo do branco.

Hoje o branco transformou nosso território em reserva indígena. O branco pensa que nós temos terra grande. Na verdade todo o Brasil era nosso. Tudo isso era terra nossa. Hoje nossa terra é uma ilha, como uma *"wyraukaí"*, uma gaiola. Assim mesmo precisamos cuidar da pouca terra que temos hoje.

NOSSA TERRA É DEMARCADA

Tempty Suyá

Nossa terra é demarcada para não ter problemas com os invasores.

Nós índios precisamos de muita terra para caçar e tirar material que tem dentro do mato.

Antigamente os índios não precisavam demarcar a terra, mas agora precisam, porque já perdemos muita terra.

Essa terra demarcada nós vamos preservar para os filhos e os netos que vem nascendo.

Nós somos donos da terra, do rio, peixes, bichos, madeira, música, pintura e artesanato.

Sugestões para o professor:

Converse com os alunos sobre as seguintes questões:

O que é uma terra indígena?

Por que a terra indígena precisa ser demarcada?

Que cuidados é preciso ter hoje com a terra demarcada?

Por que Mairawe diz que nossa terra é como uma ilha, uma gaiola?

O que está acontecendo com as terras que ficaram fora da demarcação?

Peça aos alunos para escreverem as respostas na lousa.

Todos os alunos podem copiar no caderno.

Separe as sílabas das palavras abaixo de acordo com o exemplo:

BARRO	BAR	RO		
BARRIGA				
CARRO				
GARRAFA				
FERRO				
FERRAMENTA				

Escreva o nome das ferramentas:

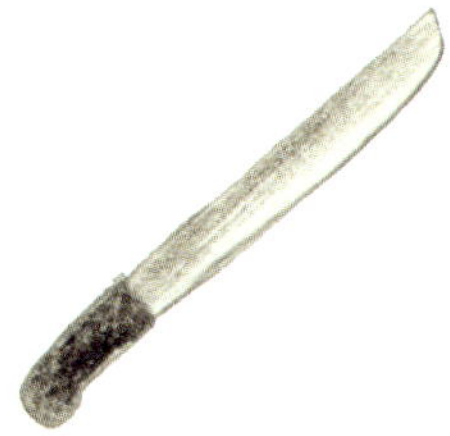

____________________ ____________________ ____________________

desenhos: Eduardo Biral

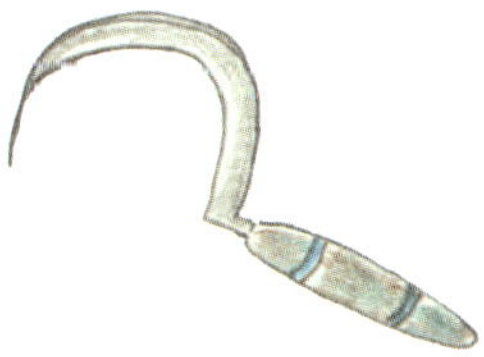

____________________ ____________________ ____________________

____________________ ____________________ ____________________

Complete com uma das palavras do quadro:

amarrar	carregar	varrer	serrar	correr

Eu vou pegar a vassoura para _______________ a escola.

Ele vai _______________ a tábua para fazer um barco.

A menina vai _______________ a perna com fio de algodão.

Eu vou _______________ até a pista para ver o avião.

Complete com **R** ou **RR**:

fe______o ______ecado te______a

______oupa ______ico esco______egar

TERRA BOA

Dombeti Suyá

Na terra a gente planta mandioca, milho, abacaxi e várias plantas.

Na terra boa você planta comida antes da chuva. A chuva cai e rega as plantas. Aí elas nascem bem bonitas e crescem todas juntas.

desenho: Tokokiã Panará

Escreva os nomes dos produtos que são plantados na roça.

DANÇA

Todo mundo gosta de dançar.
Cada povo tem suas festas e suas danças.

ÇA ÇO ÇU

desenho: Kàtkryt Tapayuna

Leia as palavras abaixo.
Escreva uma frase com cada palavra.

CAÇA DOENÇA CABEÇA PEDAÇO ROÇA

AÇÚCAR PESCOÇOCORAÇÃO MURIÇOCA

Sugestões para o professor:

Peça para os alunos escreverem um texto sobre a festa que gostam mais de dançar.

Peça para seus alunos organizarem uma apresentação de dança.

Escreva o nome dos desenhos:

desenhos: Kapyuká Ikpeng, Eduardo Biral

ROÇA
CABEÇA
CAÇADOR

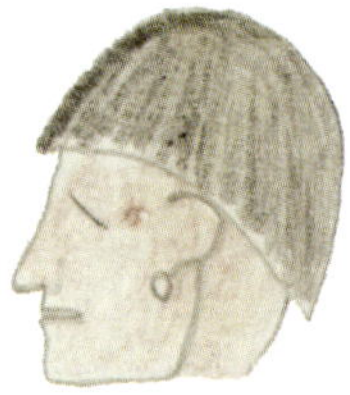  

____________ ____________ ____________

FUMAÇA
MURIÇOCA
MOÇA

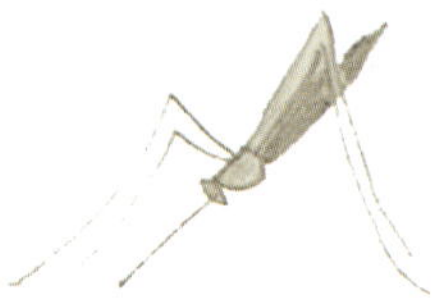  

____________ ____________ ____________

ONÇA
CORAÇÃO
GARÇA

____________ ____________ ____________

Complete as palavras com **C** ou **Ç**:

doen____a ____inema polí____ia ofi_____ina

a____úcar peda____oco____eira caro_____o

pesco____o mor___ego ____imento ca____ador

_____abe_____a __ora___ão

Escreva uma história sobre este desenho:

desenhos: Makaulaka Aweti Mehinaku e Teki Kuikuro

A ONÇA

Ibene Kuikuro

A onça é um animal que vive no mato. Nos buracos de pau e nos galhos quebrados.

Ela é pintada, tem dentes afiados e é coberta de pelos. Tem quatro patas e unhas afiadas.

Mede 1,30 metro de altura, com cerca de 0,65 m de cauda. Ela é esperta. Os outros animais quase nem chegam perto dela.

Ela gosta de comer carne crua: paca, anta, veado, caititu, jacaré etc.

Ela esturra toda vez que sente saudade ou depois de comer.

Os dentes, as unhas e o couro da onça servem para fazer artesanato.

Sugestões para o professor:

Estudar vocabulário.

Peça para um aluno ler o texto em voz alta, depois de desenhar a onça.

Peça para os alunos contarem histórias de onça.

FARINHA

Dombeti Suyá

desenho: Eduardo Biral

Na época do verão você tira mandioca e bota na água. Ela fica mole rápido. Aí você faz a massa e bota no sol para ficar seca. Depois de quatro dias mais ou menos, você pega a massa e esmaga na panela, coa na peneira e torra. Aí fica bom.

Sugestões para o professor:

Leia o texto acima e pergunte para os alunos quais são os outros alimentos se pode fazer com a mandioca e como se faz.

Pergunte que outros produtos são plantados na roça, peça para escreveram no caderno e ilustrarem.

Separe as sílabas e reescreva as palavras:

FARINHA	FA	RI	NHA		FARINHA
PIRANHA	______	______	______		____________
ARANHA	______	______	______		____________
ESPINHO	______	______	______		____________
GALINHA	______	______	______		____________
LINHA	______	______			____________
CAMINHO	______	______	______		____________
SONHO	______	______			____________
MINHOCA	______	______	______		____________
UNHA	______	______			____________
ARIRANHA	______	______	______	______	____________
LENHA	______	______			____________
BANHO	______	______			____________

Ligue as palavras aos desenhos:

UNHA

PIRANHA

ARANHA

LINHA

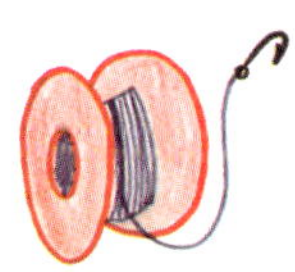

desenhos: Eduardo Biral

Complete as frases com uma das palavras do quadro:

linha lenha

Eu vou pegar a ______________ para pescar.

Meu pai foi buscar _______________ para assar o peixe.

banho sonho

Esta noite eu tive um ________________ bonito.

O menino tomou ________________ no rio.

espinho caminho

A paca estava bem no meio do __________________.

A enfermeira tirou um ___________________ do meu pé.

galinha piranha

A _________________ bota ovo no ninho.

Eu gosto de _________________ com caldo.

amanhã manhã

Eu vou à farmácia de _______________.

______________ eu vou sair bem cedo para caçar.

Conte um sonho que você teve e depois escreva no caderno.

Complete com <u>meu</u> ou <u>minha</u> :

Exemplos:

<u>Meu</u> pai	<u>Minha</u> mãe
<u>Meu</u> cunhado	<u>Minha</u> cunhada
<u>Meu</u> caderno	<u>Minha</u> caneta

____________ irmã está viajando.

Eu derrubei ___________ relógio no rio.

Eu deixei ___________ lápis na escola.

___________ aldeia fica longe do posto.

___________ cabeça está doendo.

Hoje bem cedo eu lavei __________ rede.

___________tio, ___________ tia, ____________ cunhada e __________ irmão saíram de barco.

___________ amigo levou ____________ espingarda para caçar.

Complete com <u>meu</u> ou <u>minha</u>:

<u>minha</u> canoa   <u>meu</u> isqueiro

_______________ lanterna	_______________ papel
_______________ roupa	_______________ gravador
_______________ remo	_______________ anel
_______________ esteira	_______________ tênis
_______________ cinto	_______________ colar
_______________ máquina	_______________ sabonete
_______________ bateria	_______________ jornal
_______________ mapa	_______________ munição
_______________ foto	_______________ balde
_______________ dente	_______________ gilete

Complete com as palavras dadas:

Eu <u>tenho</u> dois irmãos.

Meu amigo <u>tem</u> um irmão.

Ela <u>tem</u> uma irmã.

tenho tem

Eu não ____________ espingarda.

Meu cunhado ____________ espingarda.

venho vem

Daqui a pouco ele __________ comer.

Daqui a pouco eu ____________ comer.

tenho tem

Ela ___________ um colar de caramujo.

Eu ___________ um colar de caramujo.

tenho tem

Minha irmã __________ medo de andar de avião.

Eu ____________ medo de andar de avião.

Siga o exemplo:

 A BOLA  A BOLINHA

 O PATO  ____________________

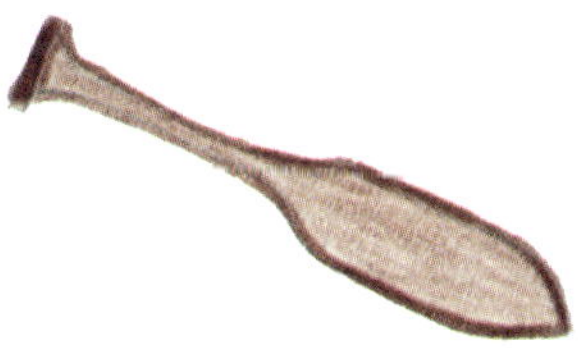 O REMO 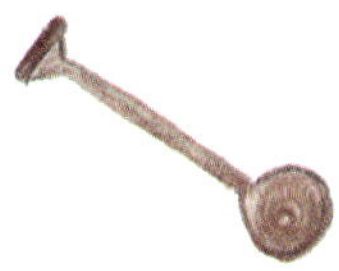 ____________________

 O SAPATO  ____________________

 A CANETA  ____________________

desenhos: Marina Kahn

ARIRANHA

Managu Ikpeng

desenho: Yanin Kaiabi

A ariranha vive na água e dentro do buraco da terra. Ela gosta só de peixe. Ela é um pouco comprida, tem pelo curto e um rabo comprido.

Quando ela pega qualquer tipo de peixe, ela grita.

Ela tem duas pernas e dois braços, é preta.

Gosta de andar no fundo da água. Todos os peixes ficam com medo dela.

Sugestões para o professor:

Faça uma leitura em voz alta com os alunos.

O professor escolhe um animal e pede para os alunos descreverem (contarem como é esse animal).

Peça para cada aluno escolher um animal e fazer uma descrição escrita.

CHUVA

desenho: Alupá Kaiabi

Na época da chuva o rio enche e a água entra no mato. Fica difícil pescar porque os peixes ficam escondidos no fundo do rio. Alguns peixes como pacu e matrinchã vão comer as frutinhas que caem na beira do rio. Esses peixes são fáceis de pescar na época de chuva.

Nessa época tem muita fruta no mato. É muito bom para caçar porque os bichos estão gordos.

CHA CHE CHI CHO CHU

Sugestões para o professor:

Peça para seus alunos escreverem:

O nome dos meses do ano. Circular os meses da chuva.

O que você gosta de fazer quando chove?

Quais são os alimentos que tem no tempo da chuva?

Por que a chuva é importante?

Separe as sílabas:

CHEFE ________ ________

CHAVE ________ ________

MACHADO ________ ________ ________

BICHO ________ ________

CHINELO ________ ________ ________

CARTUCHO ________ ________ ________

CACHORRO ________ ________ ________

BORRACHA ________ ________ ________

MACHO ________ ________

CACHO ________ ________

CACHIMBO ________ ________ ________

CHEIRO ________ ________

CHAPÉU ________ ________

Desenhe uma borracha em cima do caderno

Desenhe um chinelo no pé direito do menino

desenhos: Eduardo Biral

Desenhe um cachorro embaixo da árvore

Desenhe uma chave na mão esquerda do menino

Desenhe uma bananeira ao lado da casa

Desenhe um menino pescando entre o barco e a canoa

Desenhe um arco e flecha

Desenhe um machado ao lado da enxada

desenhos: Eduardo Biral

MILHO

desenho: Alupá Kaiabi

Antigamente os Mebêngôkre não conheciam o milho.

Um dia uma velha levou seu neto para banhar no rio e um rato subiu no ombro dela. Ela jogou o rato longe e continuou banhando seus netos. O rato subiu de novo no seu ombro e falou para ela:

- Está vendo essa árvore grande? É uma comida boa. Eu vou ensinar você como preparar. Então o rato ensinou a velha a fazer beiju de milho. Ela pegou umas espigas, foi para a aldeia e preparou o beiju. Quando ficou pronto ela deu um pedaço para o neto. Ele foi comer perto da casa dos homens. Um homem chamou o menino e pediu um pedaço do beiju. Ele comeu e gostou muito e mandou o menino chamar a avó para contar que beiju era aquele. A velha contou e todo mundo aprendeu a fazer o beiju de milho.

LHA LHE LHI LHO LHU

Sugestões para o professor:

Convide um velho para contar a história de seu povo sobre o milho.
Peça para seus alunos escreverem a receita de uma comida que se faz com o milho.
Escreva os nomes dos tipos de milho em sua língua materna.

Leia as palavras abaixo. Faça o caça palavras.

PALHA FILHA OLHO ABELHA PILHA FILHO

ALHO ESPELHO PIOLHO FOLHA ORELHA AGULHA

P	I	L	H	A	P	I	D	F
A	S	Z	G	B	J	S	C	O
L	L	R	F	E	L	A	E	L
H	A	A	A	L	E	P	U	H
A	F	I	L	H	A	I	O	A
Q	O	T	H	A	S	O	H	R
A	R	O	O	Z	Q	L	G	U
G	E	S	P	E	L	H	O	E
U	L	P	F	C	Z	O	L	T
L	H	N	C	N	X	M	H	I
H	A	H	F	I	L	H	O	J
A	Z	Q	R	T	P	O	B	M

Complete as palavras abaixo com **NH**, **CH** ou **LH**:

GAFA ____ OTO

BARU ____ O

CARTU ____ O

ESPE ____ O

BORRA ____ A

TE ____ ADO

CAMI ____ ÃO

MA ____ UCADO

BA ____ EIRO

____ INELO

BARA ____ O

AMA ____ Ã

CARTI ____ A

CU ____ ADO

BOLA ____ A

VERME ____ O

ABE ____ A

PIRA____A

ORE ____ A

PI ____ A

MI ____ OCA

DI ____ EIRO

Escolha uma das palavras do quadro para completar a frase:

rachar
achar

O machado serve para _______________ a lenha.

olhar
molhar

A chuva serve para ______________ a terra.

fechar
encher

A chave serve para _______________ a porta.

chutar
chupar

A chuteira serve para ______________ a bola.

chorar
cheirar

O nariz serve para ________________.

CASA

desenho: Kahugá Kuikuro

Aqui no Parque todo mundo tem casa boa para morar.

Tem casa de sapé, tem casa de pau roliço coberta com folha de inajá ou com folha de bananeira brava.

Quando a casa fica velha os parentes ajudam a fazer outra.

desenho: Yunak Yawalapiti

Sugestões para o professor:

Quais as diferenças entre as casas das cidades e as casas da aldeia?

Onde o pessoal costuma ir buscar palha ou sapé para cobrir suas casas?

Converse com seus alunos sobre como se faz uma casa: que materiais são usados, como se faz as medidas, quem constrói.

Separe as sílabas e reescreva as palavras:

RAPOSA ______ ______ ______

____

ARTESANATO ______ ______ ______ ______ ______

____

COISA ______ ______

____

TESOURA ______ ______ ______

____

QUEROSENE ______ ______ ______ ______

____

MESA ______ ______

____

MÚSICA ______ ______ ______

____

DESENHO ______ ______ ______

____

LOUSA ______ ______

____

CAMISA ______ ______ ______

____

RISADA ______ ______ ______

____

Faça uma lista das coisas que tem na sua casa.

Faça uma frase com as palavras dadas, como no exemplo abaixo:

raposa galinha

Esta noite a raposa roubou uma galinha.

rádio música

____

cabelo tesoura

____

artesanato tucum

____

desenho papel

____

GUERRA

Antigamente existia guerra entre os povos indígenas. Hoje a gente briga com os fazendeiros, garimpeiros, pescadores, madeireiros e caçadores.

Aqui no Xingu nós já lutamos muito para defender a nossa terra. Até hoje temos que continuar vigiando a nossa terra para não deixar nenhum invasor entrar.

GUE GUI

Sugestões para o professor:

Converse com os alunos porque hoje em dia é importante a união entre os povos do Xingu.

Como os povos do Xingu defendem sua terra?

Desenhe as armas que seu povo usava para fazer guerra.

Junte as sílabas:

SAN GUE ______________________

MAN GUEI RA ______________________

FO GUEI RA ______________________

GUER REI RO ______________________

FOR MI GUEI RO ______________________

A MI GUI NHO ______________________

FOR MI GUI NHA ______________________

Olhe o desenho e conte uma história sobre ele:

desenho: Eduardo Biral

FAZENDEIRO

Quando o fazendeiro derruba e queima o mato, ele acaba com a madeira boa para fazer canoa, acaba com os remédios, com as frutas, com o mel e com todos os bichos. No lugar de tudo isso ele planta capim ou soja e cria boi.

ZA ZE ZI ZO ZU

desenho: Eduardo Biral

Leia as palavras abaixo. Escreva uma frase com uma das palavras.

AZUL FAZENDA COZINHA AZEDO FAZENDA ANZOL VIZINHO

Sugestões para o professor:

Explique para os alunos o que é desmatamento.
O que acontece no Xingu e seu entorno por causa do desmatamento?
Faça uma lista das coisas que existem no mato e são usadas pelo seu povo.

Junte as sílabas:

CO ZI NHA ______________________________

FA ZEN DA ______________________________

VI ZI NHO ______________________________

SO ZI NHO ______________________________

LIM PE ZA ______________________________

MO LE ZA ______________________________

AN ZOL ______________________

A ZUL ______________________

desenho: Alupá Kaiabi

Complete com uma das palavras do quadro:

fazer	dizer	rezar	cozinhar

O cozinheiro vai ______________ para o pessoal.

O pessoal vai ______________ a casa da enfermeira.

O cacique vai ______________ o que ele está pensando.

O pajé vai ______________ para o doente ficar bom.

azedo	amargo	ardida	doce

O mel é ________________.

O limão é ________________.

O remédio da farmácia é ____________________.

A pimenta é ________________.

GARIMPEIRO

Maiua Ikpeng

Os garimpeiros trabalham no garimpo procurando ouro para ganhar dinheiro para sustentar a família, para ter carro, apartamento e outras coisas.

Isso não é bom para as comunidades indígenas do Xingu. Por que? Porque eles destróem a terra, poluem os rios, acabam com todos os peixes que vivem nos rios. É muito perigoso para nós que bebemos a água, comemos peixe, tomamos banho e lavamos a louça no rio.

Os garimpeiros usam mercúrio para procurar ouro e o mercúrio não é bom para a saúde do Parque. Não é perigoso só para nós que somos índios, é também para os próprios garimpeiros que moram na beira dos rios.

Sabe por que é perigoso para a saúde do Parque? Porque as nascentes dos rios ficam fora da nossa reserva. Por isso nós que somos índios podemos verificar e tomar cuidado com as nascentes dos rios.

Isso é muito perigoso para nós que vivemos dentro do Parque.

desenho: Eduardo Biral

Sugestões para o professor:

Peça para seus alunos lerem em voz alta o texto para a classe.

Estudar vocabulário.

Qual é o trabalho do garimpeiro?

Por que o garimpo é perigoso?

Quais são os rios do PIX que tem sua nascente fora dos limites?

Depois peça para eles escreverem um texto sobre o trabalho do garimpeiro e suas conseqüências para o meio ambiente.

Copie as palavras:

GARIMPO ______________________________

LAMPARINA ______________________________

CACHIMBO ______________________________

SARAMPO ______________________________

EMBIRA ______________________________

UMBIGO ______________________________

TAMPA ______________________________

CAMPEÃO ______________________________

> Use o **m** para ca<u>m</u>po, te<u>m</u>po e li<u>m</u>po. Também para chu<u>m</u>bo, po<u>m</u>ba e ti<u>m</u>bó.
>
> Você sabe por quê?
>
> Antes de **p** e **b**, use só **am**, **em**, **im**, **om**, **um**.

Complete com **M** ou **N**:

DE_____TE ME______TIRA MA______GA TA_____BÉM

PE_____TE VE_____TO DOMI____GO CA____PO

E______XADA MA_____GABA E____BIRA MARI____BO____DO

RAIZ

Tempty Suyá

Tem raiz que serve para remédio. Tem raiz que cura dor de barriga. É uma raiz bem cheirosa. Você bate a raiz com pau, põe na água e toma. Aí passa a dor.

Tem raiz que a gente toma para engordar. Quando você toma essa raiz, você não pode mexer com mulher. Tem que agüentar um tempo, se não você pode ficar aleijado. Essa raiz é muito perigosa.

desenho: Alupá Kaiabi

Complete as frases com uma das palavras:

luz	arroz	raiz	giz

A mandioca é uma ________________.

Quando o gerador está ligado tem ______________ no posto.

Para desenhar na lousa eu uso _______________.

A rapaziada do posto gosta de comer __________________ cozido.

ÁGUA

Onde tem garimpo a água fica suja. Os peixes morrem e a gente não pode usar a água para beber nem para banhar.

O fazendeiro também suja a água. A chuva leva para o rio o veneno que o fazendeiro joga nas plantações.

desenho: Makaulaka Aweti Mehinaku

Sugestões para o professor:

Converse com seus alunos sobre as atividades que se faz com água no dia-a-dia e escreva na lousa.

Depois disso peça para escreverem um texto dizendo porque não se deve poluir o rio.

Junte as sílabas para formar palavras:

Á
LÍN — GUA ______________________
RÉ

____
____

RANÁ ______________________
GUA — RANI ______________________
RIBA ______________________

CRIANÇAS

Weteme Suyá

Nossas crianças brincam com arquinho, flechinha, reminho e outras coisinhas.

Quando está crescendo, o menino já pode usar as coisas grandes e pode matar peixe, passarinho, bicho e pegar peixe grande com anzol.

Quando a criança nasce, a mãe já pode começar a cuidar dela. Leva no rio e banha, sobe para casa e deita com ela na rede. Dali a pouco leva de novo no rio. Até a criança ficar um pouco forte no colo da mãe. Daí a mãe pode fazer beiju, mingau, tirar mandioca, ralar e fazer perereba.

desenho: Pititiko Awati

CRA CRE CRI CRO CRU

Escreva uma história sobre esse desenho.

desenho: Eduardo Biral

Caça-palavras:

ALEGRE TRISTE GRITAR BRAVO ESCREVER

ACREDITAR TRACAJÁ TRATOR ESTRADA GRAMA

MAGRO GROSSO BRANCO ESTRELA TRAIRÃO

S	A	H	J	P	E	S	T	R	E	L	A
T	L	A	S	D	G	H	R	O	S	M	I
A	E	Q	I	G	O	U	A	Z	X	F	S
Z	G	A	C	R	E	D	I	T	A	R	U
B	R	A	V	O	F	I	R	L	M	E	R
O	E	S	A	S	D	O	Ã	N	L	S	T
O	T	R	I	S	T	E	O	U	P	C	Z
T	R	A	T	O	R	D	M	A	G	R	O
B	X	Z	E	N	O	P	Q	S	I	E	X
R	V	B	S	B	I	A	M	G	S	V	C
A	C	A	T	X	P	O	S	R	O	E	A
N	M	G	R	I	T	A	R	A	J	R	A
C	N	Z	A	Q	Q	O	P	M	C	I	E
O	F	U	D	T	R	A	C	A	J	Á	U
P	L	E	A	R	U	J	H	L	O	I	C

Desenhe o brinco que o seu povo usa:

Coloque os nomes nos desenhos:

ESTRADA GRAVADOR TRATOR ESTRELA COBRA

__________________ __________________

desenhos: Alupá Kaiabi

__________________ __________________ __________________

Complete com uma das palavras do quadro:

estrela	estrada	gravador	graxa	quebrado

O chefe do Posto passou ______________ no trator.

A pilha do meu ______________ está fraca.

O motor da balsa está ______________.

De noite o céu fica cheio de ______________.

A aldeia Piaraçu fica na beira da ______________ BR-80.

Olhe o desenho abaixo:

desenho: Kamani Trumai

Pinte a camisa do caraíba de vermelho e a calça de verde.

Pinte o cocar de amarelo, vermelho e preto.

Pinte as casas de marrom.

Pinte o resto do desenho com as cores que quiser.

Escreva uma história sobre ele.

Meu primo escreveu este bilhete para mim:

Brasília, 6 de abril de 1998.

Primo,

Como vai você? E o pessoal da aldeia?

Estou com muitas saudades do Xingu. Queria voltar logo para a aldeia, mas agora está difícil de conseguir vaga no avião.

Você recebeu o recado que eu mandei pelo rádio? Espero resposta.

Um abraço bem forte

Escreva um bilhete para um amigo ou uma amiga:

Junte as sílabas para formar as palavras de acordo com a numeração indicada:

1 TRO	2 FRA	3 CA	4 COM	5 DRE	6 PA	7 PRA
8 PRI	9 DO	10 MO	11 PO	12 A	13 TO	14 GUI
15 TRA	16 SA	17 PRE	18 ÇA	19 SEN	20 TE	21 SEM

1- 3 ____________________

2 – 3 ____________________

4 – 6 – 5 ____________________

4 – 7 ____________________

4 – 8 – 9 ____________________

8 – 10 ____________________

11 – 5____________________

6 – 5 ____________________

12 – 15 – 16 – 9 ____________________

17 – 19 – 20 ____________________

17 – 14 – 18 ____________________

21 – 17 ____________________

10 – 18 ____________________

17 – 16 ____________________

7 – 13 ____________________

17 – 13 ____________________

6 – 13 ____________________

20 – 13 ____________________

13 – 3 ____________________

16 – 11____________________

FLAUTA

desenho: Tunuli Yawalapiti

Os Yudja gostam de trocar flauta. Eles tocam flauta comprida e curta. É muito bonito.

Outro dia teve caxiri lá na aldeia Yudja e eles tocaram flauta. Foi aquela alegria!

Os homens tocam e as mulheres dançam segurando no ombro dos homens.

O pessoal do Alto Xingu toca a flauta Jacuí que as mulheres não podem ver. Na época do Kuaryp, eles tocam a flauta Uruá.

Existe também a flauta de Taquara. A festa da Taquara é muito alegre.

FLA FLE FLI FLO FLU

FLECHA

Moikara Mẽtyktire

Cada povo tem suas flechas. Os Mẽtyktire usam vários tipos de flecha: tem flecha com ponta de ferrão de arraia que nós usamos para matar anta e onça. Tem flecha com ponta de bambu que é boa para matar porco, anta, caititu e peixe. Tem flecha de ponta de osso de macaco preto ou de costela de anta que serve para matar macaco preto, pássaros, arara, papagaio e peixe. Tem também outros tipos de flechas.

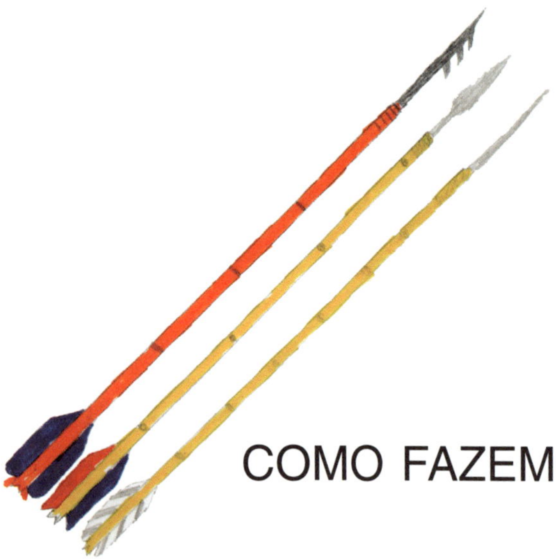

COMO FAZEMOS FLECHAS

Tempty Suyá

Para fazermos flechas precisamos de vários materiais. Temos que juntar penas de pássaros como a arara, mutum ou gavião. Precisamos também de barbante, cera de abelha, ferrão de arraia. Também pode ser usado o osso de macaco.

Sugestões para os professores:

Leia o texto acima em voz alta. Escolha algumas palavras do texto e faça um ditado para seus alunos.

Peça para os alunos desenharem os vários tipos de flecha.

Você pode fazer flecha com seus alunos na escola.

CABECEIRAS DO RIO XINGU

Aisanain Paltu Kamaiurá

Minha preocupação são as cabeceiras do rio Xingu fora da área demarcada. Se a gente não abrir o olho, os fazendeiros vão jogar lixo na água, os garimpeiros vão contaminar os rios com mercúrio. Tem muitos brancos que estão de olho na nossa terra, porque eles querem tirar nossas riquezas, como ouro, madeira, peixes e animais.

Hoje em dia temos que conversar sempre com as lideranças das aldeias. Se nós não conversarmos sobre a segurança da nossa terra, os brancos vão chegar devagar na nossa reserva e por isso é muito importante discutir com a comunidade.

Os brancos estão chegando cada vez mais perto da nossa reserva, principalmente os fazendeiros e garimpeiros. Eles querem invadir as nossas terras, mas nós não vamos dar moleza para esses fazendeiros. Se um dia eles quiserem entrar, todos nós temos que brigar com eles. Se a gente não brigar, eles não vão sair da nossa terra.

próximo	explicar	exame	táxi
trouxe	sexta-feira	exercício	sexo
aproximar	explodir	exemplo	São Félix
	explicação	existir	

Sugestões para o professor:

Peça para os alunos explicarem quais os problemas que ocorrem nas cabeceiras dos rios formadores do rio Xingu.

Explicar para os alunos os sons diferentes que tem a letra **x**.

Ler em voz alta para os alunos.

Peça para os alunos fazerem frases com as palavras do quadro.

Aprendendo português nas escolas do Xingu

Parque Indígena do Xingu • Terra Indígena Panará • Terra Indígena Capoto/Jarina

livro inicial

Textos da primeira versão do livro	Mairawe Kaiabi, Pirakumã Yawalapiti, Megaron Txucarramãe, Môjkàr Mẽtyktire, Jefuká Kaiabi, Tempty Suyá, Weteme Suyá, Dombeti Suyá, Harue Yamanaka, Maria Cristina Troncarelli, Maria Eliza Leite e Estela Würker.
Textos incluídos nesta versão	Ugise Kalapalo, Yakumin Aweti, Kanawayuri Kamaiurá, Aturi Kaiabi, Aisanain Paltu Kamaiurá, Aiguré Ikpeng, Ibene Kuikuro, Ayumã Kamaiurá, Maiua Ikpeng e Managu Ikpeng.
Desenhos	Alupá Kaiabi, Yapariwa Yudja Kaiabi, Tariwan Kaiabi, Sokren Panara, Aigi Nahukuá, Ugise Kalapalo, Maiua Ikpeng, Kanawayuri Kamaiurá, Tahugaki Kalapalo, Bepnhi Mekragnotire, Nhikrakaisse Suyá, Taliko Kuikuro, Iràt Mẽtyktire, Yamaluí Mehinaku, Nikàjti Mẽtyktire, Tupanumaká Waurá, Nhakapry Mẽtyktire, Kàtkryt Tapayuna, Yunak Yawalapiti, Beruw Mẽtyktire, Dukarê Juruna, Kaomi Kaiabi, Ikãe Yudja, Aiguré Ikpeng, Tàkàkdjàpojti Mẽtyktire, Amutuá Waurá, Yaopá Ikpeng, Mukura Ikpeng, Irebô Mẽtyktire, Pàtyx Mẽtyktire, Mawaiá Mehinaku, Tunuli Yawalapiti, Lalati Kuikuro, Aumari Yawalapiti, Kapiuká Ikpeng, Rui Kàk, Bekwyjtor Mẽtyktire, Napikï Ikpeng, Anuía Kamaiurá, Matariwá Yawalapiti, Wahuku Kuikuro, Tukokiã Panara, Aiuruá Mehinaku, Karitu Kamaiurá, Katàptire Mẽtyktire, Iutsia Yawalapiti, Chidudu Juruna, Asalu Mehinaku, Kahurá Kuikuro, Mauanu Mehinaku, Yamalui Waurá, Pititico Aweti, Dombeti Suyá, Kamani Trumai, Tariwaki Kaiabi Suyá, Kaianaku Yawalapiti, Kamaluwe Mehinaku, Marina Kahn e Eduardo Biral.
Organização	Maria Cristina Troncarelli, Harue Yamanaka, Estela Würker, Marina Kahn e Camila Gauditano
Projeto gráfico/editoração	Vera Feitosa (ISA)
Editoração	Ana Cristina Silveira (ISA)
Fotolito, impressão e acabamento	imprensaoficial
Coordenação do Programa Xingu	André Villas-Bôas
Coordenação Adjunta do Programa Xingu	Paulo Junqueira
Coordenação do Projeto de Formação de Professores Indígenas	Maria Cristina Troncarelli
Apoio ao Projeto	Fundação Rainforest da Noruega Ministério da Educação e Desportos / Coordenação de Apoio às Escolas Indígenas Secretaria de Estado de Educação de Mato Grosso Fundação Nacional do Índio Terre des Hommes Unicef

A **Associação Terra Indígena Xingu (Atix)** tem como objetivo defender o patrimônio territorial, cultural e ambiental dos povos indígenas do Parque Indígena do Xingu (PIX). Tem sede no Posto Indígena Diauarum e escritório na cidade de Canarana (MT). Compõe-se um Conselho Político que inclui lideranças das 14 etnias do PIX.

O **Instituto Socioambiental (ISA)** é uma associação sem fins lucrativos qualificada como organização da Sociedade Civil de Interesse Público (Oscip). Com sede em São Paulo e subsedes em Brasília (DF) e São Gabriel da Cachoeira (AM), tem como objetivo defender bens e direitos sociais, coletivos e difusos, relativo ao meio ambiente, ao patrimônio cultural, aos direitos humanos e dos povos.

Para saber mais sobre o ISA, consulte

www.socioambiental.org

fotolito, impressão e acabamento

imprensaoficial

Rua da Mooca, 1921 São Paulo SP
Fones: 6099-9800 - 0800 123401
www.imprensaoficial.com.br